臺灣歷史與文化 研究輯刊

二 編

第 20 冊

〈臺灣陳辦歌〉研究

李 李 著

花木蘭文化出版社

國家圖書館出版品預行編目資料

〈臺灣陳辦歌〉研究／李李 著 — 初版 — 新北市：花木蘭文化
出版社，2013〔民 102〕
目 2+134 面；19×26 公分
（臺灣歷史與文化研究輯刊 二編：第 20 冊）
ISBN：978-986-322-244-6（精裝）
1. 民謠 2. 臺灣
733.08　　　　　　　　　　　　　　　　　102002853

ISBN-978-986-322-244-6

臺灣歷史與文化研究輯刊
二 編 第二十冊　　　　　　ISBN：978-986-322-244-6

〈臺灣陳辦歌〉研究

作 者 李 李
總 編 輯 杜潔祥
出 版 花木蘭文化出版社
發 行 所 花木蘭文化出版社
發 行 人 高小娟
聯絡地址 235 新北市中和區中安街七二號十三樓
　　　　　電話：02-2923-1455／傳真：02-2923-1452
網 址 http://www.huamulan.tw 信箱 sut81518@gmail.com
印 刷 普羅文化出版廣告事業
初 版 2013 年 3 月
定 價 二編 28 冊（精裝）新臺幣 56,000 元

〈臺灣陳辦歌〉研究

李　李　著

作者簡介

李李，現任中國文化大學・中國文學系文藝創作組・專任副教授，曾出版《古典名篇賞析》、《袁小修小品文論集》、《三蘇散文研究及其他》。《〈臺灣陳辦歌〉研究》乃民國七十四年文大中文研究所之碩士畢業論文，在臺灣文學研究尚未形成風潮前，可謂略沾先機；今日付梓，為存昔日青澀印記，僅將章節名稱與標點符號略作更動。

提　　要

　　〈臺灣陳辦歌〉是一首以閩南語寫成的民間歌謠，全篇敘述清朝道光年間，臺灣嘉義地區張丙、陳辦諸人，因私鬥、抗官，遂而舉事反清的經過。此歌是在清官方文書外，現存唯一可代表彼時民間立場的資料；藉此歌謠，我們可約略了解庶民百姓的看法及臺灣歌謠的技巧、特色。

目

次

第一章 前 言

　　〈臺灣陳辦歌〉是一首用閩南語寫成的民間歌謠，遣詞用字極為樸拙，作者不詳，全篇敘述清朝道光年間，臺灣嘉義地區張丙、陳辦諸人，因私鬥、抗官，進而舉事反清的經過。

　　〈臺灣陳辦歌〉現藏於英國牛津大學鮑德林圖書館（Bodleian Library），向達先生於〈記牛津所藏的中文書〉一文中指出，鮑德林圖書館的中文藏書，主要來源有二：一是偉烈氏（Alexander Wylie）的藏書，一是巴氏（Edmund Backhouse）的藏書。向達先生以為在偉烈氏的藏書當中，有福建民間歌謠刊本二十一種，[註1] 即〈新刻莫往臺灣歌〉、〈選刊花會新歌〉（道光七年）、〈新刻神姐歌〉、〈繡像荔枝記陳三歌〉（會文堂刊本）、〈新刊臺灣十二月想思歌〉、〈新刻鴉片歌〉、〈潘必正陳妙常情詩〉（又作〈新刻潘必正陳妙常村歌〉）、〈新刊東海鯉魚歌〉、〈圖像英臺歌〉（又作〈新刻繡像英臺念歌〉，會文堂刊本）、〈新傳臺灣娘仔歌〉（道光丙戌）、〈新刻臺灣陳辦歌〉、〈新刊臺灣十八闖歌〉附〈節婦〉、〈新刊臺灣風流女子歌〉（又作〈新刊臺灣林益娘歌〉）、〈新刊臺灣查某五十闖歌〉、〈新刻拔皎歌〉、〈新傳離某歌〉、〈新選笑談俗語歌〉（道光

己西）、〈新設十勸娘〉附〈落神歌〉（丁未西園書屋）、〈繡像王抄娘歌〉（道光六年）、〈新刊戲鬮歌〉、〈繡像姜女歌〉（又作〈新編孟姜女歌〉，會文齋刊本），其中有一些與臺灣有關。〔註2〕就名以觀之，提及臺灣者有七，然與臺灣切實相關而不可或移者，則僅〈新刊臺灣陳辦歌〉一篇而已。〔註3〕

向達先生以爲這二十一種刻本，都是道光初年的刊本，然清宣宗道光帝前後在位共三十年（西元1821年～1850年），而張丙、陳辦事件發生於道光十二年（西元1832年）十月，一直延續到次年春，始漸平定，張丙、陳辦諸人解京伏法是在十三年六月二十六日（乙丑），所以據此可知，〈新刊臺灣陳辦歌〉絕非道光初年的刊本，成書的時代當在道光十三年以後。

〈新刊臺灣陳辦歌〉除標題一葉外，共三葉半。每半葉九行，每行三句，每句七字，間有添一字者（共九處）。全歌共一百八十九句，總計一千三百三十二字。

在滿清治臺兩百餘年間，共發生了百餘次的拒清運動〔註4〕，林豪在《東瀛記事》中指出，其中「最大者莫如朱一貴、林爽文、張丙、蔡牽、戴萬生而五。」餘均如電光石火般，消滅甚速。一般史家以爲：臺灣五大舉事中，以林爽文一役至巨。林爽文本是彰化之地方豪富，組天地會謀以自衞，及官捕其黨人，激之使變，前後歷時一年兩個月（乾隆五十一一五十二年，西元1786～1787年），勢力遍及全臺，清廷動用了大陸四省之兵，始將之平息。而陳辦、張丙的起事，或爲林爽文一役後，規模最大的一次，前後綿亙年餘，影響所及匪淺，可惜素爲人所忽略。或許此因陳、張役中，部分股衆未納入

〔註2〕 李獻璋先生在〈清代福佬話歌謠〉一文中指出：向達所記題名、歌數均有誤。經其整理後，有〈臺灣娘仔歌〉、〈王抄娘新歌〉和〈落神歌〉等，一共十九本，包含二十五種歌謠。

〔註3〕 金師榮華〈記牛津大學所藏『臺灣陳辦歌』〉未刊稿云：「……向氏所錄……各書……與臺灣有關之歌謠實爲六種。審此六首歌謠內容，〈莫往臺灣歌〉大意勸人往臺灣謀發展不可沾染賭博等惡習，否則離家在外，生活既乏人照顧，經濟亦不能有基礎，不如不去也。然此歌適用於往任何外地謀生者，祇須將臺灣易作他名即可。名曰〈莫往臺灣歌〉，僅反映當時福建來臺謀生者之衆多耳。至於〈臺灣十二月相思歌〉、〈臺灣娘仔歌〉、〈臺灣林益娘歌〉、〈臺灣查某五十闖歌〉四篇，內容亦爲一般性之敘述，未嘗反映臺灣特有之風土習俗，易其故事地點於別處亦無不妥也。其中與臺灣切實有關而不可或移者，則僅〈新刊臺灣陳辦歌〉一篇。

〔註4〕 可見《臺灣省通志》卷九〈命志拒清篇〉所附之「拒清運動參考表」（包括分類械鬥及土著事件）。

—2—

革命正軌，甚至有淪為盜寇，四處劫掠等情事發生，然此類現象，實係每一革命過程中，極不易規避者，尤以陳、張的教育程度觀之，似更難免。

陳辦、張丙之後，在代表清朝官方文書（如《清宣宗實錄》、《東華錄》、《東華續錄》、《清史稿》、《內自訟齋文集》等）的立場中，均看作變亂，對陳、張諸人亦以叛逆賊匪視之。然此一看法，到了近代修地方志（如《嘉義縣志》、《臺南縣志》、《臺灣省通志》等）之寫史者眼中，卻有了某種程度的轉變，他們往往將陳、張之舉，當成具有民族革命意識的拒清運動。換言之，直至近代，史家們較能以民間的角度，客觀地重新評估陳辦、張丙的舉事。就該事件而言，〈臺灣陳辦歌〉是在清官方文書外，現存唯一可代表當時民間立場的資料，故彌足珍貴。藉此歌，我們可以與史料加以比照印證，並能從中獲得一些史籍無載之民間傳聞，與彼時動亂中人民之情態，陳、張等眾行動之狀況等側面資料。

而且，在中國俗文學之歌謠作品中，如〈臺灣陳辦歌〉之類，是極罕見的，全詩以頗長的篇幅，敘述一樁敏感的政治事件；同時，透過〈臺灣陳辦歌〉，我們亦能對清道光年間，民間歌謠發展的情形，有一些了解與認識。

第二章　臺灣歌謠簡介

第一節　歌謠的滋生

　　文學是現實的一面鏡子，往往可以真實地反映諸般社會現象，而歌謠則是人民的心聲，它表現出大眾的心靈世界及生活環境之種種情態。

　　音樂是以聲音做材料，來呈現我們思想情感的藝術，而歌謠則是最原始的音樂發表形態，腦有所思，心有所感，眼有所見，耳有所聞，便用通俗的詞句吟詠出來，即成歌謠。《尚書·虞書》云：「詩言志，歌永言。聲依永，律和聲。」《詩·大序》云：「情動於中而形於言，言之不足，故嗟歎之；嗟歎之不足，故詠歌之；詠歌之不足，不知手之舞之，足之蹈之也。」朱熹《詩集傳·序》云：「人生而靜，天之性也；感於物而動，性之欲也。夫既有欲矣，則不能無思；既有思矣，則不能無言；既有言矣，則言之所不能盡，而發於咨嗟咏歎之餘者，必有自然之音響節族而不能已焉！此詩之所以作也。」（古書的「詩」，當為泛稱，歌謠亦包括其中）〔註1〕。

〔註 1〕德國文學批評家邁爾（Richard Moritz Meyer）對於歌謠的起源，曾有很精彩的敘述，他說：「在原人裏面，所謂詩人，不過是眾人之一。他感情上受一種集體經驗的激盪，以致他發抒情感的慾望和饜足物質需要的慾望一般強烈。一個哀悼者的集團，或是娛樂的、忿怒的、驚懼者的集團，其中忽然躍出一人，將胸中為眾人所同具的熱情結晶，化為明白的言語，於是另外一人繼續躍出，或者有第三人繼續躍出。而每次有人躍出的時候，那旁觀的集體，必藉他的呼聲和嘷聲，以表示他們的贊同和心悃的舒發。我們於此可見，詩人並沒有和他部落中的人隔絕存在，他那陣激動一經過去之後，便仍舊不過是部落中的一個單位，和別人並無兩樣。他對於他的部落並無所要求，部落對於他也無所要求。」

　　人民的生活、信仰、風俗、習慣，表現在他們的歌謠中；人民的社會關係、團體組織，也表現在他們的歌謠裏；而他們的工作，娛樂、祭祀、婚喪節慶，甚或政治觀、經濟狀況，均可由歌謠中見之。所以，中國第一部詩歌總集——《詩經》，其中的十五國風，寫的就是當時各國的歌謠，把人們談情說愛、耕作狩獵、禱祝祭拜、感嘆諷刺……等生活情形，活生生地展現出來，歷經千百年後，我們依然可以鮮活的勾勒出彼時生活之種種，此乃歌謠特具之功效。

　　例如：《詩經》中的戀歌有：〈靜女〉（〈邶風〉）、〈桑中〉（〈鄘風〉）等；結婚之歌有〈關雎〉、〈桃夭〉（〈周南〉）、〈鵲巢〉（〈召南〉）等；農歌有：〈蟋蟀〉（〈唐風〉）、〈七月〉（〈豳風〉）等；祝賀讚美之歌有〈螽斯〉（〈周南〉）、〈碩人〉（〈衛風〉）等；諷刺哀悼之歌有〈相鼠〉（〈鄘風〉）、〈葛生〉（〈唐風〉）等；不一而足。

　　中國素重「采詩觀風」，班固《漢書・藝文志》云：「《書》曰：『詩言志，歌永言』，故哀樂之心感而歌詠之聲發，誦其言謂之詩，詠其聲謂之歌。故古有采詩之官，王者所以觀風俗，知得失、自考正也。」《禮記・王制》曰：「命太師陳師以觀民風。」《春秋・公羊傳》何休注：「男女有所怨恨，相從而歌，饑者歌其食，勞者歌其事；男子年六十、女子年五十無子者，官衣食之，使之民間求詩，鄉移於國，國以聞於天子。」

　　由上可知，歌謠的滋生甚早，可能自有人類即有歌謠；而中國歌謠的採集與記錄，遠從周代開始，以後歷代相承，構成了輝煌的中國詩史。

第二節　臺灣歌謠之發展概況

一、最早的臺灣歌謠

　　依據文獻記載，我國早在秦漢時代就與臺灣有了接觸。秦時風聞海上有蓬萊島，這蓬萊島極可能是指四季如春的臺灣寶島。《漢書・地理志》第八卷載：「江南卑濕，丈夫多夭，會稽海外有東鯷人，分為二十餘國，以歲時來獻見。」《三國志・吳志孫權傳》：「（黃龍）二年春正月……遣將軍衛溫、諸葛直將甲士萬人浮海，求夷州及亶州。（亶州）所在絕遠，卒不可得至，但得夷州數千人還。」漢之「東鯷」、三國之「夷州」，所指的可能就是臺灣了。

臺灣正式見諸典籍始於隋代，《隋書・東夷列傳流求傳》云：「流求國居海東，當建安邦郡東，水行五日而至，山多山洞，其王姓歡斯氏，名渴刺兜，不知由來，有國世數也。」

宋代以前的「琉求」，係指我國東方海上，即今天臺灣至琉球一帶的島群，到了明代洪武帝時（十四世紀末），才劃分為大琉球（今日之琉球）與小琉球（今日之臺灣）；而臺灣之被稱為臺灣，大約始於明萬曆年間（十七世紀初）。

元代始設巡檢可於澎湖，正式將臺灣納入我國版圖。隨著漢人的足跡，給臺灣帶來了中原文化，中原音樂的歌謠也在臺灣開始萌芽，但是臺灣土著之歌謠，却早已有之，且數量相當豐富。

清康熙六十一年（西元 1722 年）順天大興人黃叔璥，曾任巡視臺灣御史，後著有《臺海使槎錄》，其中卷五至卷七〈番俗六考〉所附收之南北路諸羅番的番歌，可能就是最早記載臺灣歌謠的文獻，該書作者是以漢文表者加以記錄〔註 2〕。〈番俗六考〉中的番歌，雖僅止於山地歌謠，但種類繁多，我們從這些歌謠純樸簡短的辭意中所顯現的真摯情感，可以了解最早臺灣歌謠之大致內容。

二、荷西佔領時期

葡萄牙人在十七世紀時，航海東來經商，路過臺灣海峽，發現了臺灣，見島上草木蓊鬱，風光旖旎，乃稱讚臺灣為福爾摩沙（Formosa），意為「美麗之島」。但他們未曾踏上臺灣，僅作表面觀察而已。

〔註 2〕例如：

1. 新港社別婦歌：馬無艾幾喇（我愛汝美貌），唷無晃米哖（不能忘），加麻無知各交（實實想念）。麻各巴圭里文蘭彌勞（我今去捕鹿），查美狡呵呵李沉沉唷無晃米哖（心中輾轉愈不能忘）。奚如直落圭哩其文蘭（待捕得鹿），查下力柔下麻勾（回來便相贈）。

2. 打貓社番童夜遊歌：麻呵那乃留喇化呢（我想我愛汝），麻什緊吁哖化（我實心待汝），化散務那乃哖麻（汝如何愛我）？麻夏劉哖因那思呂流麻（我今回家，可將何物贈我）？

3. 諸羅山社豐年歌：麻然玲麻什勞林（今年大豐收），蠻南無假思毛者（約會社衆）；宇烈然噢吵無嗄（都須釀美酒），宇烈唠來奴毛沙喝嘻（齊來賽戲），麻什描然麻什什（願明年還似今年）。

4. 阿猴社頌祖歌：咳呵呵咳仔滴哞老（論我祖），振芒哄糾連（實是好漢），礁呵留的乜乜（衆番無敵），礁留乜乜連（誰敢相爭）？……等共三十餘首。

　　明朝天啓二年到永曆十五年（西元 1622～1661 年），計有三十九年，臺灣被荷蘭人佔領；明天啓六年（西元 1626 年）西班牙人侵佔了基隆（當時稱雞籠），崇禎元年（西元 1628 年）再佔淡水（當時稱滬尾）及三貂角，形成了荷西南北分據的局面。但西班牙人侵佔臺灣北部才十六年，於崇禎十五年（西元 1642 年），即被荷蘭人逐出，而後荷蘭獨霸了臺灣廿年。

　　荷蘭人與西班牙人除了從事經濟上的掠取外，也興辦教育，傳播宗教，並帶來了西洋音樂，臺灣歌謠——尤其是山地歌謠，可能多少受到一些影響。

　　另一方面，我國的戲曲也於此時期傳入。據《臺灣外誌後傳》的〈平海氛記〉所載，當時有一通事何斌，曾自我國內地引入戲班在臺演出〔註3〕，隨著戲曲的流入，相信有少數中國歌謠也於此時隨之帶入臺灣。

三、明鄭成功時代

　　明朝敗亡後，延平郡王鄭成功於永曆十五年（西元 1661 年），率兵二萬五千人來臺，將荷人逐出，以臺灣作為反清復明的根據地。

　　來臺之人，因離鄉背井，易興思鄉懷親之情，遂不免感嘆吟唱，因而產生了抒發斯情斯景的歌謠。為了安撫民心，鄭成功幕僚沈光文曾從大陸南方延聘劇團來臺演出，作為民眾的娛樂。南管、北管等亦漸次傳入，此時的歌謠，有傳自大陸者，如〈五更調〉、〈七字仔〉等；有在臺因時因地獨創的，如〈駛犁歌〉、〈車鼓調〉等。依照江日昇所撰《臺灣外記》記載，在鄭氏時代，已有為褒揚鄭克臧夫人陳氏的殉節，而在世上流行過一種歌謠，即〈文正公兮文正女〉歌，依此，我們推測歌謠的創作、流行，在當時似已相當可觀，可惜，彼時的歌謠傳存甚少。

〔註3〕　〈平海氛記〉云：「荷駐臺長官但撰一，若有事物，必問通事何斌，何斌雖有權柄，不敢作威害人，一味和氣，故很得番官及軍兵欽仰，何斌每年亦有數萬兩銀入手，不喜娶妻，乃廣建住宅花園，園中鬧一魚池，直通鹿耳門，有時尚乘小船到鹿耳門釣魚遊玩，家中造下二座戲臺，又使人入內地，買二班官音戲童及戲箱戲服，若遇朋友到家，即備酒席看戲或小唱觀玩。」由此段文字，我們知道臺灣演出中國戲劇，始於荷蘭佔領時期；而中國戲劇的最大特色是劇情與音樂合一，中國音樂正式隨戲劇流傳來臺，首次有了明文的記載。

四、滿清時代

　　漢清政府於康熙二十二年（西元 1683 年）自鄭氏手中接領臺灣，至光緒二十二年（西元 1896 年），因甲午戰敗，將臺灣割讓給日本止，共有二百一十二年之久。

　　清代治臺時期，人民生活雖較安定，但政府與老百姓的關係並不融洽，滿清對臺採「恩威並施」政策，人民因常受壓榨，故衝突與變亂時起，這些變亂民間常有歌謠傳誦，如〈戴萬生反清歌〉、〈朱一貴亂歌〉、〈嚴辦歌〉，及本論文所將探討之〈臺灣陳辦歌〉等均是。

　　此一時期之音樂與藝術活動，都由官方統籌辦理，民間音樂的發展受到了相當程度的束縛，但在這兩百餘年間，民間仍孕育出了頗為豐富，且具有獨特鄉土氣息的歌謠。而大陸移民日增，也攜來了部分閩南與粵南歌謠。

五、日據時代

　　甲午之戰後，臺灣不幸淪為清廷戰敗的犧牲品。當日本竊據臺灣之後，積極推展日本音樂教育，移入日本歌謠，企圖以摧毀臺灣民俗歌謠為手段，來打擊臺灣同胞的民族意識和民族精神，進而達成其侵略的政治野心。

　　然而臺灣人民的民族意識與抗日情緒卻愈為熾烈，民間歌謠仍暗自傳唱，彼時之作詞作曲者，常藉男女的戀情來影射他們對祖國的眷戀，如〈望春風〉、〈雨夜花〉、〈心酸酸〉等歌謠即是。

　　後來日本政府發現，以壓力橫加禁止，將徒增臺灣人民的怨恨及反抗，於是改絃易轍，遂把臺灣的歌謠，儘量譯為日語，來推廣演唱。在此影響下，一部分臺灣歌謠感染上濃厚的日本風味，如〈懺悔〉、〈桃花泣血記〉等，所以使臺灣民謠在保存與發展上，受到一些打擊及阻礙。

　　此外，平澤丁東、片岡嚴、東方孝義、稻田尹諸日人，亦曾對臺灣歌謠盡過一番心力，雖然他們所持的眼光、所居的立場，有時與我們不盡相同，他們的見解，可能有不少的錯誤；可是客觀而論，他們對臺灣歌謠的收集與整理，依然有無法抹殺的貢獻。

六、臺灣光復以後

　　民國三十四年（西元 1945 年），我國抗戰勝利，日本無條件投降，臺灣

重歸祖懷抱，臺灣民間歌謠再獲自由發揮的時機，又生氣蓬勃地活躍起來。作詞作曲者忙著把積蘊心中已久的情懷，暢快地發抒出來，如〈臺灣小調〉、〈補破網〉、〈杯底不可飼金魚〉等，就在此時出籠，光復後初期，遂成為臺灣歌謠發展的鼎盛時期。

　　然而，經濟日趨繁榮，民生日裕，教育更加普及，受到外來文化、音樂的衝擊愈重，使西洋歌曲亦頗見風行；再加上國語推行之普及，造成國語流行歌曲的崛起，成為大多數人之音樂娛樂主體，閩南語歌謠不得不由樂壇上原先之領導地位，落入從屬之境。

　　當今之務，除了竭力收集保留，整理分析既有的豐富臺灣歌謠外，更需創作發展具有臺灣特有風格的民間歌謠，至於以國語、閩南語或客家話發音，倒不是最重要的關鍵所在。

第三節　臺灣歌謠之分類

　　臺灣歌謠由歷史背景看來，可分為由大陸傳入和移民在臺灣自行創作兩種。二者形式相似，多是七字句、四句為一單元的格式；但因時空的差異，移民新創的歌謠，往往帶有濃郁的海島風味與情調，形成獨特的鄉土色彩。

　　若依居民來分，臺灣歌謠又可大別為：閩南（福佬）歌謠、客家歌謠，以及山地歌謠三類。

　　山地同胞是臺灣最早的居民，主要有阿美、泰雅魯、布農、邵、曹、排灣、賽夏、卑南、魯凱、雅美等十族。各族的歌謠均有不同的風味，且在節奏、調式、表演形式上亦各不相似。

　　《臺灣風土志》云：「各族在祭儀婚禮和酒宴中都必有歌舞。歌曲大體可分為祭歌，酒歌與工作歌三種。」山地歌謠曲調大都甚為優美動聽，常為閩南、客家歌謠所不及；但歌詞卻極簡易，每襯以無意義的音節為歌調，此因原住民雖天生善於歌唱，卻拙於文辭之故。

　　而客家居民約佔臺灣全省人口的五分之一左右，主要來自廣東省的潮州、惠州、嘉應州。以苗栗、桃園、新竹、中壢、美濃等為主要居住地。

　　客家歌謠與閩南歌謠相異之處極多，除了語言外，其產生背景與調律亦大不相同。連橫在《臺灣通史・風俗通志》中，對臺灣閩南與客家（粵南）歌謠之差異所在，做了頗為清楚的分析，他說：「臺灣之人，來自閩粵，風俗既殊，歌謠

亦異。閩曰南詞，泉人尚之；粵曰粵謳，以其近山，亦曰山歌。南詞之曲，文情相生，和川絲竹，其聲悠揚，如泣如訴，聽之使人意消；而粵謳則較悲越。」

　　客家歌謠的產生，大都在山林茶園之中，因觸景生情發興而唱，或逢年過節之應景而謳，因此，多屬「山歌」、「採茶歌」、「戀歌」之類。其曲調較自由，有所謂九腔十八調之說，常是一個曲調，可以即興地填上因應心情、環境，變化多端的歌詞；且因客家歌謠有時是二人分站兩山頭對唱的，所以唱腔較為高亢。

　　佔臺灣居民總數十分之七、八的閩南人，多半來自福建省泉州與漳州，現則多定居於本省西岸平原地區；以「閩南語」演唱之歌謠，實為臺灣歌謠之主體。

　　許常惠先生在《臺灣福佬系民歌》一書中，對閩南（福佬）歌謠依「歌詞內容」、「演唱方式」、「分佈（產生）地區」三方面，做了極見精到的分類。茲撮引於下：

（一）以歌詞內容分類

1. 祭祀類：哭調（哭喪歌）。
2. 勞動類：耕農歌、採茶歌、山歌。
3. 歌舞類：駛犁歌、車鼓調。
4. 愛情類：相褒歌、思念歌、哭調仔（哭情歌）。
5. 飲酒遊戲類：飲酒猜拳歌。
6. 童謠類：囝仔歌（兒歌），囝仔迌迌歌（兒童遊戲歌）、搖囝仔歌（搖籃歌）。
7. 敘事類：七字仔、五孔小調、雜唸仔。

　　在以上七類中，我們可發現：（1）童謠類唱得最少，愛情類唱得最多。（2）有些歌分別屬於數類，例如〈思想起〉因唱者所配歌詞之不同，有時屬於愛情類，有時屬於敘事類。同樣情形，〈桃花過渡〉因唱的場合不同，可以屬於愛情類，也可以屬於歌舞類。（3）愛情類中，以哭調情歌與包括一語雙關而且與性有關的歌謠最多。臺灣福佬系歌謠裏，「哭調（仔）」是一個特點，包括屬於祭祀類的哭喪與屬於愛情類的哭情歌，後者在歌仔戲中採用得最多。（4）愛情類中的哭調仔與歌舞類歌謠同時屬於福佬系戲劇曲牌，前者屬於地

方戲劇歌仔戲曲牌，後者屬於歌舞小戲曲牌。（許先生認爲，本省戲劇可以分成：1.由大陸傳來的傳統戲劇 2.產生於臺灣的地方戲劇 3.歌舞小戲 4.木偶戲四種。）

（二）以演唱方式分類

臺灣福佬系歌謠的演唱方式，嚴格來講只有一種——「單音唱法」，這種唱法（歌唱部分只有單音旋律）以曲調的形態結構，還可以分爲下列不同形式：

1. 朗誦唱法：尚未構成完整的曲調，以敘事類爲最多。
2. 民歌唱法：構成完整的曲調，包括大部分的民歌。
3. 對唱法或應對唱法：二人（男女二人最多）對唱，即輪流唱，一人唱第一段，另一人唱第二段，以此輪流唱下去，此法以歌舞類最多。

（三）以分佈（產生）地區分類

1. 產生於嘉南地區者（廣義的包括西部平原）：駛犁歌、桃花過渡、臺南哭調、彰化調、天黑黑、草螟弄雞公、卜卦調、五更鼓調、六月茉莉、農村歌、搖囝仔歌、乞食調、哭調（哭喪歌）。
2. 產生於蘭陽地區者：宜蘭哭調、丟丟銅仔、六月田水、一隻鳥仔、一隻鳥仔哮救救〔註4〕。
3. 產生於恒春地區者：思想起、四季春、牛尾擺、臺東調、三聲無奈、耕農歌。
4. 產生於臺北者：臺北調、崁仔腳調、艋舺調。

以本省福佬系歌謠來說，最早產生於嘉南地區，但這地區至本世紀已不再有眞實的民間歌謠出現，而最晚產生於恒春地區，這地區至今仍保存著純眞的歌謠。〔註5〕

〔註4〕 〈一隻鳥仔〉與〈一隻鳥仔哮救救〉均爲嘉義歌謠，應該歸入「1.產生於嘉南地區者」類中。

〔註5〕 顏文雄先生在其碩士論文《臺灣民謠之研究》中，依產生背景將臺灣民謠分成九類：
1. 家庭民謠（包括婆媳、妯娌、夫婦，家庭生活所產生的民謠）。
2. 勞動民謠（包括田園、山上、海上、工廠勞動所產生的民謠）。

第四節　現藏於英牛津的清臺灣閩南語歌謠

　　英國牛津大學鮑德林圖書館偉烈氏藏書中，所收錄的歌謠，有漳泉潮州各地的，也有關於臺灣的，但因臺灣人是由內地遷徙而來，因此所吟唱的內容，往往可以共通。這些歌謠雖間有可取者，然並不一定全具有文學價值，不過卻是頗為難得的清代歌謠資料。茲舉三首為例：

一、新傳臺灣娘仔歌

> 風吹娘仔對面來，不高不低好人才；
> 人人看見盡多愛，荷包空空不敢來。
> 你今愛來你就來，阮是貪花不要財；
> ──────────，──（1）　　　　。
> 茉莉開花盡多香，牡丹含蕊（2）刈吊人；
> 日時愛來又無工，冥時困了又眠夢。
> 夢見仝君在後房，翻身一醒摸無人；
> **双**手攬來又空空，**双**脚交來又無人。
> 勸恁兄哥莫眠夢，日後末妻儂雙人；
> 床頭花粉床尾香，誤阮青春守空房。
> 指甲開花指甲紅，吾只姿娘不僥人；
> 素香開花陣陣芳，看阮欲□（3）又空空。
> 紫荊開花瑞瑞（4）紅，無錢吾纏看別人；
> 芙蓉開花多結枳（5），姿娘即僥真著死。
> 射榴（6）開花月下黃，共你兄哥摘樹梅；
> ──────────，──　　　　。
>
> 月光風靜無人知，兄哥進入繡房內；
> 兄哥就□娘仔攬，是你情人莫著驚。

---

3. 愛情民謠（包括戀歌、哀情、憤恨、訴怨、艷情之男女間之民謠）。
4. 祭祀民謠（包括宗教、迷信生活所產生的民謠）。
5. 娛樂民謠（包括純娛樂的民謠、娛樂類的流行歌均是）。
6. 社會民謠（包括社交、政治、戰鬥等等時代民謠）。
7. 自然事物民謠（包括自然生物與事理之民謠）。
8. 史實傳說民謠（即故事化之長篇民謠）。
9. 童謠（包括兒童遊戲歌、搖籃歌）。

念阮花心天鼓井，全望郎君好應承；
—— ，—— 。

芍藥開花人人愛，輕手輕跤邀兒婿（7）；
—— ，—— 。

金菊開花層層黃，願共兄哥做一床；
伸手與君做枕頭，嘴唇相喥舌相交。

桃花開來樹樹紅，阮只姿娘愛攬人；
山茶開花滿山埔，阮只姿娘愛人摸。

三更（8）過了三更時，賽過鴛鴦做一池；
双人結做連理樹，容容露滴牡丹開；
涼汗濕透胭脂粉，香衣軟落頭髻欹（9）。

三更過了四更時，耳邊聽見圭（10）聲啼；
今夜相招阮不嫁，二人共床你不娶；
双人斷約不嫁娶，儂今當天來祝誓。

四更過了五更當（11），娘仔招君落眠床；
双人相招落床來，二人相看目頭呆；
娘仔送君出房門，二人相看目都黃（12）；
今旦那畏日頭長，卜（13）來又得等冥昏。

十口檳榔十口紅，看你兄哥不是人；
—— ，—— 。

十口檳榔十口青，姿娘僥（14）人永沒生；
—— ，—— 。

十口檳榔十口子，長山管甫（15）僥到死；
—— ，—— 。

碎米花開碎碎白，娘仔牽君出花宅；
—— ，—— 。

十口檳榔十口灰，送君出去在路尾；
—— ，—— 。

樹蘭花開滴枝珊，長山管甫（15）誠僥險；
—— ，—— 。

十口檳榔十口茗，送起（16）哥哥到船頭；

——　　　　　，——　　　　　　　　。

勸你兄哥不當交，直起（16）唐山不回頭；

——　　　　　，——　　　　　　　　。

親淺兄哥攬條條，無錢兒婿困椅橑；

——　　　　　，——　　　　　　　　。

你今青衫蓋白褲，阮只心頭誠沒故；

——　　　　　，——　　　　　　　　。

懞（17）阮只處青春俊，彼時你不合吾困；

——　　　　　，——　　　　　　　　。

海水返來白波波，阮今心頭驚到無；

——　　　　　，——　　　　　　　　。

兄哥一去不返頭，阮今內心想夠夠；

——　　　　　，——　　　　　　　　。

未知兄哥值得落？欲去唐山尋兄哥；

——　　　　　，——　　　　　　　　。

阮厝爹媽久不知，盤山過嶺尋兒婿；

——　　　　　，——　　　　　　　　。

看見兒婿面青青，焉（18）阮心頭悶越添；

——　　　　　，——　　　　　　　　。

海水轉去涉涉流，船今起碇不回頭；

——　　　　　，——　　　　　　　　。

看君你去目滓滴，阮今只處是偉年；

——　　　　　，——　　　　　　　　。

船今開去上起縫（19），儂今須著尋別人；

——　　　　　　　，——　　　　　　　　。

按：（1）「——」表缺句。（2）「菣」：應作「蕊」。（3）「□」：表字模糊不明。（4）「瑞瑞」，
宜作「穗穗」。（5）「枳」：應作「子」。（6）「射榴」：即「石榴」。（7）「兒婿」：女婿
也。（8）「三更」：依文義，應作「二更」。（9）「欺」：傾斜也。（10）「圭」：雞也。（11）
「當」：正當時也。（12）「黃」：眩暈也。（13）「卜」：欲也。（14）「佹」：即梟也。（15）
「長山管甫」：宜作「唐山管府」。（16）「起」：去也。（17）「懞」：宜作「摸」。（18）
「焉」：引也。（19）「上起縫」：宜作「上起篷」。

〈新傳臺灣娘仔歌〉，大都羅列了一首歌的起首兩句，而缺後面兩句，似爲了提供歌唱者起首取材之用；依此我們可以得見，臺灣民間歌謠起首的種種形式。

二、新刊臺灣十二月想思歌

正月鬧蔥蔥（1），鬧蔥蔥（1）！
　　嘴食檳榔唇帶紅。
憶著君，出繡房；
　　遇著一位風流人。
你無某（2），阮無翁，正佇好（3），啫双人。
　　噯噯噯噯喲！噯噯噯喲！
正佇好，啫双人。

二月是花期，是花期！
　　桃花柳花開透枝。
憶著君，病相思；
　　對此嫦娥阮無依。
月清清，相保庇，保庇阮少年時。
　　噯噯噯噯喲！噯噯噯喲！
保庇阮少年時。

三月是清明，是清明！
　　娘嫺相隨路上行。
買墓錢（4），獻墓庭；
　　去到墓頭哭三聲。
你笑阮眞怯命，隨在（5）人，憶看兄。
　　噯噯噯噯喲！噯噯噯喲！
隨在人，憶看兄。

四月日頭長，日頭長！
憶著君，心頭酸。
　　冤家（6）一去不見轉。
惹得阮，懶梳粧，桃花面，遂青黃。

噯噯噯噯喲！噯噯噯喲！

桃花面，遂青黃。

五月人把船，人把船！

溪邊鑼鼓鬧紛紛，娘仔**双**手攬郎君。

放落手，脫羅裙，相攬相抱上床困（7）。

舌交舌，唇對唇，牽君手，解心悶。

噯噯噯噯喲！噯噯噯喲！

牽君手，解心悶。

六月採蓮時，採蓮時！

看見蓮花開滿池，娘仔伸手折一枝。

見郎君，笑迷迷；白如玉，軟如綿。

惹的阮，病想思。

噯噯噯噯喲！噯噯噯喲！

惹的阮，病想思。

七月秋風寒，秋風寒！

對孤燈，悶無伴。

開籠開箱搣被單（8）。

惹的阮，恨孤單。

噯噯噯噯喲！噯噯噯喲！

惹的阮，恨孤單。

八月人中秋，人中秋！

二八佳人愛風流。

祝月華，相保佑；

有緣君相將就。

無緣君，放水流；窈窕女，君子逑。

噯噯噯噯喲！噯噯噯喲！

窈窕女，君子逑。

九月是重陽，是重陽！

看見郎君好顏容。

白如玉，軟如絨；

　　相攬相抱入羅帳。

舌交舌，面相向；□入□內□包陽。

　　噯噯噯噯喲！噯噯噯喲！

□入□內□包陽。

十月人收冬，人收冬。

　　有翁有婿來繡房。

無翁無婿看別人；

　　見郎君，心頭鬆。

牽君手，入繡房；笑迷迷，成**双**人。

　　噯噯噯噯喲！噯噯噯喲！

笑迷迷，成**双**人

十一月是冬天，是冬天！

　　家家厝厝人梭圓。

點香灼，獻紙錢；

　　保庇君大趁錢。

永共阮，相交纏。

　　噯噯噯噯喲！噯噯噯喲！

永共阮，相絞纏。

十二月是年邊，是年邊！

　　有翁有婿來過來。

無翁無婿那怎生？

　　通共阮，做一冥。

愛的君，暗暗硬，愛趣味，困床乾。

　　噯噯噯噯喲！噯噯噯喲！

愛趣味，困床乾。

按：（1）「苶苶」：應作「息息」。（2）「某」：太太也。（3）「正佇好」：剛剛好。（4）「墓
　　錢」：冥紙也。（5）「隨在」：隨便也。（6）「冤家」：年輕的寡婦稱其亡夫爲「冤家」。
　　（7）「困」：即「睏」，睡也。（8）「開籠……」一句，依別首之例和語氣的銜接，宜
　　挪於「對孤燈，悶無伴」之前。「搌」：是把東西挾在腋下搬運之意。

〈新刊臺灣十二月想思歌〉的意思並不十分通達，但把一年中生活的要重節律，依序唱出，頗具興味。

三、新刊莫往臺灣歌

在厝冇路，計較（1）東都（2），欠缺船費，典田賣租。

悻悻而來，威如猛虎，妻子眼淚，不思回顧。

直至海墘，從省偷渡，不怕船小，生死天數。

自帶乾糧，番薯菜補（3），十人上船，九人嘔吐。

乞水洗口，舵公發怒，托天庇佑，緊到東都。

乘夜上山，搜尋無路，遇賊相逢，剝去衫褲。

不知南北，暫宿沙埔，等待天光，行上幾步。

要尋親戚，絞（4）涉路途，冇俊（5）通寄（6），心酸如醋。

拋妻離子，乃是何故？欲求財利，以此來都。

四目無親，飢寒困苦，忽見親戚，引去牽姑。

一二朋友，相招落廊（7），食現工賒，欠錢剪布。

舊衫穿破，冇人通補，年終月蒲，領取工顧（8）。

工藝不做，日夜賻（9）賭，不記前情，思量巧路。

食鴉片烟，穿緞綢褲，專招少友，言語糊塗。

結交表妹，綾羅絲布，動頭搖目（10），朝歡暮樂。

牽車看戲，伸手相摸，弄嘴斟唇（11），不顧廉恥。

工資用盡，陪罵痴奴，一時忿氣，交為賊路。

鄉保探知，革出門戶，此時困苦，目渧如雨。

愁苦致病，酒色所誤，要水止渴，冇人照顧。

命危旦夕，拖出草埔，雨浸日暴，二日吐吐。

舌青耳烏，哀聲叫苦，死無棺木，骨骸暴露。

豬狗爭食，並無墳墓，家後妻小，不知其故。

望夫寄信，奉養公姑，非是天命，自入邪路。

信息一至，眼淚如雨，身死他鄉，妻思別路。

勸君往臺，須當勤苦，貪花迷酒，絕嗣廢祖。

羊有跪乳，鴉有反哺，罔極深恩，安得不顧。

若有婚娶，樂爾妻奴（12），君子知戒，終身不誤。

來臺之人，勿此見惡，勸解親朋，東都勿渡。

何如在家，晏眠早起，免驚波濤，自如行止。

朝夕趁錢，夫妻歡喜，也願墳墓，也育子女。

按：（1）「計較：」即爲前途打算也。（2）「東都」：明永曆十五年（西元 1661 年），鄭成功攻取臺灣後，以安平的熱蘭遮城爲王城，以赤嵌城爲承天府，總稱爲「東都」。（3）「補」：宜作「脯」。（4）「紱」：爲「跋」之誤。（5）「俊」：爲「錢」之誤字。（6）「通寄」：可寄也。（7）「廍」：舊式製糖廠也。（8）「工顧」：工錢也。（9）「膘」：應作「嫖」，嫖妓也。（10）「動頭搖目」：似是「搖頭動目」之誤。（11）「斟唇」：親嘴也。（12）「妻奴」：應是「妻孥」之誤，意爲太太與兒子也。

　　明鄭成功以熱蘭遮城爲王城，以赤嵌城爲承天府，而總稱爲「東都」，至清康熙二十二年（西元 1683 年）臺灣歸清後，改設臺灣府。〈新刊莫往臺灣歌〉中，屢用「東都」一詞，而臺灣納入清版圖後，禁止內地人偷渡臺灣的政策，時寬時緊，直至乾隆二十五年（西元 1760 年）始全面解禁，由此可知，這歌當是清雍正、乾隆年間民間傳誦的歌謠。

　　〈新刊莫往臺灣歌〉的層次明晰，歌意暢達。由一個人「典田賣租」、「拋妻離子」，登船偷渡來臺起首；繼而鋪敘其倍嘗艱辛後，始獲一較爲安定的工作。但那人稍得飽暖，卻「朝歡暮樂」吃喝嫖賭，根本忘了原先「欲求財利」，衣錦還鄉之願；終導致「死無棺木，骨骸暴露」的人生大悲劇，點明「何如在家，……自如行止」的主旨。

第五節　介紹數首具代表性的臺灣閩南語歌謠

　　臺灣歌謠中，向來以閩南語歌謠爲主幹，現介紹數首具代表性者於后：

一、一隻鳥仔哮救救

　　嘿嘿嘿嘟，一隻鳥仔哮救救（1），嘿嘿嘧；哮到三更一半暝（2），

找無巢，嗬嘿嗬啊。

嘿嘿嘿嘟，什麼人仔甲（3）阮（4）弄破這個巢都呢，被阮掠著（5）
不放伊干休，嗬嘿嗬啊。

按：（1）「哮救救」：哭啼啼。（2）「半暝」：半夜。（3）「甲」給。（4）「阮」：我或我們。

（5）「掠著」：抓到。

此歌大意是：一隻鳥啾啾叫，一直叫到三更半夜，依然找不到歸巢。它
自云：「是誰把我的巢弄破了？若被我抓到，絕不放他干休！」

〈一隻鳥仔哮救救〉極富民族意識，產生於嘉義。話說日人據臺時，愛
國志士紛紛起而抗之，終因軍援不足，糧食難繼，在諸羅山（即今嘉義）一
戰失守，臺灣落入日寇魔掌已成定局，志士們流離四散，亡命山林，遂在憤
怒悲痛情緒下，唱出此歌，道盡國破家亡的傷感及誓與日人周旋到底的決心。
歌詞形式是——口語化散文，採用很多虛字，〔註6〕並沒押韻。

二、丟丟銅仔（宜蘭調）

火車行到依嘟啊嗎依嘟丟，哎唷，磅空內（1），磅空的水，依嘟丟
丟銅仔依嘟啊末依嘟丟仔依嘟滴落來。

按：（1）「磅空內」：洞口裏。

〈丟丟銅仔〉是宜蘭調，原為一首可被任意填詞哼唱的曲調。相傳，臺
灣在農業社會時，農人在閒暇之際，為求娛樂，常三五成群玩著「丟銅錢仔」

〔註6〕顏文雄先生在《臺灣民謠之研究》一文 98 頁中指出：「虛字」在民謠上有下
列幾點意義：
1. 用於直接表示音節的美。「依那那路灣」「咽嗨咩」等等，正如我們唱歌時
的「Do Re Mi Fa Sol La」，或與唱「啦啦啦」的意義相同。
2. 作為補充歌詞的短簡。民謠的詩詞都出自沒有經過文學修養的農夫村婦所
作的，他們口頭即興作詞，不但簡單而且短小，因此需要虛字來填補。
3. 作為民謠的「序音」與「尾音」。如祭典舞曲譜卅一的頭一字「嘻」，與恒
春調的句尾「噯唷喂」，以助興民謠之氣氛。
4. 作為某地方民謠的特徵，使人一聽到這些虛字，就想起某地方民謠，如宜
蘭民謠「雨公公」。
5. 用虛字代替語言所無法表現的特殊感情。
6. 作為樂句停頓的一種裝飾。
總之虛字與該地方的民謠有密切的關係，人民常採用日常生活的音響應
用到民謠上，由民謠中的虛字也可窺知民謠所產生的區域。（此處之「虛字」，
有人稱為「散聲」）

的賭博遊戲，當銅錢仔落地時，鏗鏘作響，〈丟丟銅仔〉的曲調旋律即由此產生。

　　而此一歌詞，是幾十年前，在宜蘭地區開鑿山洞的工人，第一次看見火車通過時，內心的驕傲、喜悅，不可言喻，遂以他們熟悉順口的宜蘭調，哼出此歌。唱出火車穿越隧道時，洞內回聲的節奏，及山縫滴水，滴滴嗒嗒的韻律。此歌有許多模擬音效的虛字，係屬口語化之變化七字仔，有押韻。

三、思想起（恒春調）

　　（一）思啊思想起，桃花含唇（1）啊依嘟，有胭脂，李阿花那獻白　　　　　（2）啊依嘟，無香味啊依嘟哎唷喂，舊情再來思想起，哎唷　　　　喂，甘蔗那好吃依嘟，雙頭甜（3）啊依嘟哎唷喂。

　　（二）思啊思想起，綠竹開花啊依嘟，綠竹青，大某（4）那娶啊依　　　　嘟，娶小姨（5）啊依嘟哎唷喂，小姨娶來，人人愛，哎唷喂，　　　　放捨（6）那大某啊依嘟，可憐代（7）啊依嘟哎唷喂。

　　按：（1）「含唇」：形容桃花快要綻放的樣子。（2）「獻白」：應作「現白」；在人面前故意　　　露出錢財，即「露白」。（3）「雙頭甜」：甘蔗通常都是靠根部這一頭比較甜，另外一　　　頭則不太甜。如果兩頭都甜，這種甘蔗很好吃，但比較難得。（4）「大某」：大太太，　　　原配妻子。（5）「小姨」：姨太太。此處應作「細姨」。在閩南語中，「小」叫做「細」。　　　（6）「放捨」：遺棄。（7）「代」：即「代誌」（事情）的簡稱。

　　〈思想起〉又叫做〈恒春調〉，是臺灣南端恒春地方的一首歌謠。原為移民因思鄉所興起的旋律，後被填上各種不同的歌詞演唱，自由地延長或縮短某些音，抑是任意改變某些音的音高，但仍不失原曲調之風格。又名〈思想枝〉、〈思雙枝〉……等。此一歌詞的形式是——口語化且加許多虛字的七字仔，有押韻。

四、三聲無奈

　　（一）一時負戀郎君美，癡情目睭（1）格眯眯（2）；為君仔假意來　　　　相憐，害阮（3）目屎（4）四滴垂（5）。

　　（二）二更過了月斜西，想阮那會命即歹（6）；花開專望郎君仔採，　　　　無疑僥雄（7）不應該。

　　　（三）三聲無奈哭悲哀，月娘怎知阮心內；失戀傷心流目屎，好花
　　　　　　變成相思栽（8）。

　　按：（1）「目睭」：眼睛。（2）「格眯眯」：變成眯眯眼。（3）「阮」：我。（4）「目屎」：眼
　　　　淚。（5）「四淌垂」：四處縱橫。（6）「命即歹」：命運很壞。（7）「僥雄」：負心。（8）
　　　　「相思栽」：相思樹苗。

　　〈三聲無奈〉產生於屏東四腳重漁村，該地盛產蚵仔。有一位採蚵女愛
上了一個負心漢，結果為情所困，唱出了這首幽怨的情歌。歌詞形式是——
七字仔，押韻。

五、天黑黑

　　　天黑黑，要落雨，阿公仔舉鋤頭，要掘芋。掘啊掘，掘啊掘，掘著
　　　一尾旋鰡鼓（1），依約嘿嘟真正趣味；阿公（2）仔要煮鹹，阿媽（2）
　　　要煮淡，兩人相打（3）弄破鼎（4），依喲嘿嘟隆咚起咚嗆，哇哈哈！

　　按：（1）「旋鰡鼓」：即泥鰍。（2）「阿公、阿媽」指老公公、老婆婆。（3）「相打」：打
　　　　架。（4）「鼎」：鍋子。

　　這首歌謠充滿了詼諧的趣味，據稱發源於終年陰雨、臺灣北端的金瓜石
一帶，〔註7〕至今似乎每個人都可哼出此歌的一兩句。此歌歌詞形式是——雜
唸仔，以三字一句為主，添加了許多虛字，且無押韻。

六、六月茉莉

　　　（一）六月茉莉真正美（1），郎君（2）生做真古錐（3），好花難得
　　　　　　成雙對，身邊無君（4）上（5）克開。（6）

　　　（二）六月茉莉真正香，單身娘子守空房，好花也著（7）有人挽（8）
　　　　　　，無人知影（9）氣死人。

　　按：（1）「美」：「美」為借義字，表「美的、漂亮」，其音不合，應音「水」之去聲。（2）

〔註 7〕許常惠先生於《臺灣福佬系民歌》一書中，認為〈天黑黑〉係產生於嘉南地
　　　　區的歌謠。而臧汀生先生在《臺灣閩南語歌謠研究》一書裏，則指出：「一般
　　　　以為係本地土產，事實不然，謝雲聲先生於民國十七年所輯閩歌甲集第三十
　　　　九載有通行泉州廈門一帶之天烏烏（按即天黑黑）三首，及當時通行於臺灣
　　　　者亦三首。自其內容而論，泉廈者較簡短，臺灣者較冗長，主從地位豈不甚
　　　　明。」

「郎君」：年少男子之稱。(3)「古錐」：可愛也。引申為「英俊」之意。(4)「君」：即「郎君」。(5)「上」：最也。(6)「克開」：可憐也。(7)「著」：此為「要、得」之意。(8)「挽」：為「採、摘」之意。(9)「知影」：知道。

茉莉花潔白嬌小，香味高雅，六月是其盛開的季節。這首〈六月茉莉〉的曲調，早期來自大陸，而歌詞則是新竹人林河東所填的，表面看來，像是一首情歌，描述佳人獨守空閨的情緒；實際上，作者是在傾訴己身的不得意，以既白且純的盛開茉莉花來比喻自我，嘆息無人具有識才的慧眼，只能落得孤芳自賞了。此歌歌詞形式是——口語化之七字仔，且押韻。

七、望春風

(一) 獨夜 (1) 無伴 (2) 守燈下，清風對面吹，十七八歲未 (3)
　　出嫁，遇著 (4) 少年家 (5)，果然漂緻 (6) 面肉白，誰家
　　人子弟？想要問伊驚歹勢 (7)，心內彈琵琶 (8)。

(二) 想要郎君 (9) 做尪婿 (10)，意愛 (11) 在心內，等待何時
　　君來採，青春花當開 (12)，聽見外面有人來，開門該 (13)
　　看覓 (14)，月娘 (15) 笑阮戇大獃 (16)，被風騙不知。

按：(1)「獨夜」：孤獨之夜。(2)「無伴」：沒有伴侶，即「孤單、寂寞」之意。(3)「未」：即「尚未、還沒有」之意。(4)「遇著」：碰到。(5)「少年家」：年輕人。(6)「漂緻」：即「標緻」，乃「英俊、漂亮」的意思。(7)「歹勢」：不好。(8)「心內彈琵琶」：心中緊張，七上八下。(9)「郎君」：年少男子之稱。(10)「尪婿」：丈夫。(11)「意愛」：愛意。(12)「青春花當開」：青春的花正盛開。(13)「該」：此為「ㄍㄚ　ㄧ」之借音字，乃「為他」之意。(14)「看覓」：看一看。(15)「月娘」：月亮。(16)「戇大獃」：大傻瓜。

〈望春風〉發表於民國二十二年，由鄧雨賢先生譜曲，李臨秋先生填詞。據李先生自稱，他寫〈望春風〉的靈感是脫胎於《西廂記》的詩句：「拂牆花影動，疑是玉人來。」李先生在中國古典文學中尋到了創作的源泉，又掌握住時代的民風，更畫龍點睛加上「月娘笑阮是戇大獃，被風騙不知」之語，少女羞澀之憨態，令人見憐。他又說，〈望春風〉是為當情竇初開，却受到傳統束縛的少女，爭取發言權。傅述先教授在〈海外望春風〉一文中，曾提及：〈望春風〉是首氣韻生動的臺灣民謠，上承《詩經》傳統，吟唱懷春少女私慕少艾，乃至心內彈琵琶。而此歌歌詞，兩段均句句押韻。

八、雨夜花

（一）雨夜花，雨夜花，受風雨吹落地，無人看見，瞑目（1）怨嗟
　　　（2），花謝落土不再回。

（二）花落土，花落土，有誰人可看顧（3），無情風雨，誤阮（4）
　　　前途，花蕊（5）墜落要如何？

（三）雨無情，雨無情，無想阮的前程，並無看護（6）軟弱心情，
　　　乎（7）阮前途失光明。

（四）雨水滴，雨水滴，引阮入受難池，怎樣乎阮離葉離枝，永遠
　　　無人可看見。

按：(1)「瞑日」：日夜。(2)「嗟」：就是「怨恨、埋怨、悲歎」等的意思。(3)「看顧」：
　　照顧。(4)「阮」此處應作「我的」解。(5)「花蕊」：花朵。(6)「看護」：憐惜。(7)
　　「乎」：使也。

　　民國二十年，廖漢臣先生寫了一首〈春天〉，詞爲：「春天到，百花開，
紅薔薇，白茉莉，這邊幾叢，那邊幾枝，開得整齊，眞正美。」鄧雨賢先生
就依此譜成了今日大家傳唱的〈雨夜花〉旋律。民國二十三年，周添旺先生
才根據此一旋律，改寫成現在大家耳熟能詳的淒愴哀詞——〈雨夜花〉。據周
先生說，〈雨夜花〉是描述一位鄉下姑娘被都市男友拋棄後，竟至沈淪的故事；
藉一朵飽受風雨摧殘的花，比喻出那不幸女子的悲慘遭遇。

　　由於〈雨夜花〉的盛行，在日據時代，曾被日閥改成軍歌，試圖鼓舞那
些被拉去南洋充當砲灰的軍伕，這實在是對歌謠藝術的一種污辱。

　　〈雨夜花〉歌詞分成四段，每段皆押韻。

第三章 〈臺灣陳辦歌〉之歷史背景 ——陳辦和張丙的起事

第一節　起因

　　陳辦和張丙的起事，各有各的原因，一肇端於地方械鬥，一起因於受冤故而憤抗貪官污吏，後來二者勢力結合，遂成為一股抗清洪流。現分述於后：

一、械鬥

　　清道光十二年（西元 1832 年）閏九月，臺灣嘉義打貓西堡北崙仔莊〔註1〕之閩人陳辦〔註2〕，因其族人何某偷採打貓南堡双溪口莊〔註3〕粵人張阿凜（當地有力之士）的芋葉被辱，即往毀張阿凜芋田，以為其雪辱報復；後張率眾

〔註 1〕 打貓西堡在嘉義城之西北二十五里，其東以大潭莊與打貓南堡竹仔脚莊分界。打貓西堡原隸嘉義縣，日人據臺後，在光緒二十四年（西元 1898 年）將之改屬臺南縣打貓辦務署（今民雄地區）管轄。

〔註 2〕 陳辦，連橫《臺灣通史》作陳辨，《嘉義縣志》、《臺灣省通志》亦同；而《清宣宗實錄》則作陳辦。
《臺灣通史》指陳辦為巨盜。

〔註 3〕 打貓南堡，在嘉義縣北，距城十二里。打貓南堡即今嘉義縣民雄鄉全部（東面林仔尾、大崎脚除外）。民雄原稱打貓，迨至日據大正九年（西元 1920 年），因打貓與民雄的日語發音相似，故而改為民雄。
双溪口，在嘉義縣大林街之西，為北港溪二源滙合點南岸，民國九年改稱溪口莊，光復後則改為溪口鄉。

焚燒陳辦之室，並誤牽他人牛隻作抵〔註4〕。於是地方械鬥起焉，而陳辦遂邀張丙〔註5〕掖助之。

械鬥非臺灣所獨有，閩、粵、湘、贛諸省均有之，然不及臺灣之烈。臺灣的械鬥，起自清康熙末年，到了乾隆年間漸盛，道光以後更蔓延全省。清咸豐三年（西元1853年）五月，竹塹（今新竹市）士紳鄭用錫發表〈勸和論〉云：「顧分類之害，莫甚於臺灣。……臺為五方雜處，林逆倡亂（指林爽文反清事件）以來，有分為閩粵焉，有分為漳泉焉。閩粵以其異省也，漳泉以其異府也，然同自內地播遷而來，則同為臺人而已。今以異省、異府苦分畛域，王法在所必誅；矧同為一府，而亦有秦越之異，是變本加屬，非奇而又奇者哉？」〔註6〕事實上，這也是不足為奇的，閩粵人雖同為漢民族，然閩人來自閩南，操閩南語，粵人則大部分為客家人，說客家話，二者因言語不通，氣質、風俗習慣亦相異，不免有所隔閡；再者，初因土田界域、水道灌溉而爭，加以清廷治臺官吏行政昏庸，詞訟不清，人民抱屈莫可申訴，欲平冤抑，惟有取械鬥一途。

因此，所有的械鬥，表面上往往是起因於一些小故，如賭博爭注、偷雞摸狗等，實際上多是種因於經濟利害的衝突，積怨難解，乘機而發，以致一動干戈，蔓延各地，互毆互殺，至於不可收拾。有因械鬥變成亂事者，亦有因亂事始變為械鬥者，據陳紹馨《臺灣省通志稿人口篇》指出，有清一代之械鬥，其有史可據者有二十八次之多，約八年即有一次械鬥；其小械鬥之不見於記載者，尚不知凡幾。俗謂臺灣「三年一小變，五年一大變」，蓋亦指此。

地方械鬥雖為社會治安之大患，官府引為深憂，但又無可奈何！直至同、光以降，勵行新政，利交通，振實業，開山撫番，招徠墾野，居民各能樂其利、安其業，彼此接觸日繁，情感相通，其狹隘之械鬥觀念，乃漸消泯。

〔註4〕道光十三年（西元1833年），秋七月己巳朔，聖詔謂：「……陳辦因搶芋、搶牛起釁，攻打粵莊……。」
又，道光十三年六月二十九日（戊辰），聖諭：「……其張阿凜本係被搶事主，既經控縣，復因陳辦聞拏逃逸，（張）焚其房屋，並誤牽陳實牛隻作抵，致陳辦藉口攻莊，張阿凜復糾眾回攻……。」

〔註5〕《清史稿》作「張炳」，其餘文獻方志均作「張丙」。

〔註6〕見於《淡水廳志》卷十五，附錄一〈文徵〉。

二、抗官

張丙，原籍福建漳州府南靖縣人，遷居嘉義店仔口〔註7〕，迄丙已三代，世業農（一作魚販）。丙為人豪爽，性喜周濟貧弱，且能以信義庇鄉鄰，眾多効擁之，其名因著。〔註8〕道光十二年（西元1832年）夏，臺灣南部大旱，粒米不登。嘉義各莊立約禁米出糶，董其事者即為張丙，人莫敢違。閏九月時，有商人陳壬癸自店仔口購米數百石，然不得輸出，遂密賄生員吳贊庇運出境，事為吳贊遠親逸盜吳房偵知，乃夥同詹通，於半途加以截奪。因店仔口之禁糶，係由張丙所發起，吳贊遂疑奪米之事與丙有關，而訴於縣官。嘉義知縣邵用之乃捕吳房，解送府城〔註9〕誅之，並懸賞捕丙。張丙怨知縣不治米之出境而反治禁者，欲先擄吳贊辱之，以為報復。贊聞悉心懼，遂攜眷往縣城避難。張丙率眾尾隨追趕，於半途之上，吳贊等被知縣遣役護去，於是丙益恨，疑用之受吳之賄賂，即宣布欲誅貪官污吏。

連雅堂先生曾云：「夫臺灣之變，非民自變也，蓋有激之而變也。」鄭兼才先生亦曰：「林爽文之變，奚激之使起？則此後張丙之變，戴潮春之變，又孰非激之使起哉！」因為這些變亂大都不是出自遠大縝密的計劃，至於激民而變者，不消說，就是當時昏庸的滿清治臺官吏。假令其時政治清明，財經合理，則革命之遠因雖存（如明代遺民思漢排滿及臺灣孤懸海外，民性素較強悍等因素），而作為導火線之近因無之，則社會亦難有動亂。

臺灣在歸入清朝版圖的初期，施琅採恩威兼施的政策，文武機關還算整

〔註7〕店仔口在清朝時期屬轄於嘉義縣下茄冬南堡，曾駐把總，並設汛、塘鎮撫地方，店仔口汛屬於北路協左營（即為嘉義營）。日據時期（大正九年——西元1920年）改為臺南州新營郡白河莊，光復後改稱白河鎮。

〔註8〕周凱《內自訟齋文集》謂：「丙素無賴，好結納亡命之徒，一呼百諾，與群盜相往來，能庇之。又以小忠、小信庇其鄉鄰，遂著名。」

〔註9〕清乾隆五十三年至同治十三年（西元1788～1874年），臺灣地區行政區域是：隸福建省之一部，有一府四縣三廳。

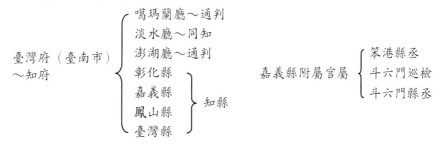

備，治績也差強人意。可是施琅死後，主政者不得其人，清廷的羈縻政策逐漸鬆弛，綱紀漸失，文武官員苟且偷安，政治窳敗，大失人心，誠如徐宗幹《治臺必告錄》中所云：「各省吏治之壞，至閩而極，閩中吏治之壞，至臺灣而極。」以致人民激於義憤，始多揭竿而起，導致了無數次反清復明、倒滿興漢的事件，所以張丙之役乃是在純被動的情形下發生。

第二節　經過

　　當閩人陳辦與粵人張阿凜發生械鬥衝突後，遂邀約張丙與戰，丙糾集詹通、劉仲、劉港、劉邦頂、賴牛、王奉、陳委、洪番仔、吳允、許六、吳貓、李武松等三百人，與陳辦及其黨陳連等，合攻双溪口粵莊，未勝，反為所創；臺灣知府呂志恆親往彈壓，並令臺灣北路左營都司護理鎮標左營遊擊周進龍管帶弁兵，會同前去。適臺灣鎮總兵劉廷斌帶兵出巡，聞信即飭北路協副將葉長春率兵馳赴防堵，張丙得知，領眾潛回店仔口，而陳辦、陳連等焚掠附近諸粵莊，張阿凜亦焚陳連所居之村莊。道光十二年閏九月廿五日，陳辦劫大莆林（在今嘉義縣）汛軍械，劉廷斌追至今民雄鄉東勢湖附近，戮殺李井、洪霧二人，原以其等為劫械者，故殺之，然實乃趁亂搶豬之人。時副將葉長春與嘉義縣知縣邵用之亦至，合擊陳辦於紅山仔（在今嘉義縣），斃賊數名，捕獲六人，奪旗鼓各一面。陳辦走與王奉合，次日，復攻莆姜崙莊（在今嘉義縣），官兵尾至，斬其黨王興、王泉。辦與奉逃竄至店仔口，將事告丙。丙觸前忿，謂官偏袒粵人，專殺閩人；既怒知縣邵用之貪墨偏執，且恨知府呂志恆不恤民瘼，故決與詹通等豎旗舉事。詹通之父詹經得悉，恐遭連累，命長子日新往殺通，刃其額，不死，日新反為旁人所殺。

　　十月初一，丙乘佳里興巡檢施模及鹽水港外委蘇連發因委拏匪犯離汛之際，攻入鹽水港（在嘉義縣西南四十里）佳里興巡檢署（鹽水港保），殺教讀古嘉會及兵丁三人，又掠下茄苳（在今臺南縣後壁鄉嘉苳村）、北勢坡（亦在今臺南縣）、八獎溪（在今臺南縣，又名八掌溪，為嘉南平原一小溪）各汛，用之逐之，却在店仔口被圍，丙執用之當眾撻辱，嗣又分其屍。初二日，臺灣知府呂志恆聞邵用之被圍困，牽鄉勇二百偕軍隊往援，南投縣丞朱懋亦從之。張丙禦之於大排竹（在今臺南縣白河鎮北端），防範甚力；左營遊擊周進龍以兵力單薄，畏不敢前，朱懋救援心切，聲言文官不怕死，欲與呂志恆先

行，進龍逼不得已，即督兵開砲，連放兩砲，不能傷人，至第三砲，砲身倒退，撞斃一名砲手，丙等乘機四圍，官軍挫敗。義首許亮邦以其馬授志恒，徒步與戰，俱陷。未幾，呂志恒、朱懋、及外委曾聚寶、許青櫻等皆被戕，陣亡兵丁六十名，獨周進龍與額外黃廷鳳取間道脫歸嘉義。〔註10〕朱懋有循政聲，丙深悔之。

當初陳辦約張丙等與粵人私鬥，並無戕官之意，及其妻自經而亡，辦與丙乃集交友結盟；丙自稱開國大元帥，建號天運，貼告示安民，嚴禁淫掠，以飭軍紀，並以翦除貪官污吏來號召莊民，執官將及官兵者受賞，又殺淫掠者二人，以整肅軍風，令人民無恐，冀得人民協助。張丙封陳辦、陳連、吳扁、詹通、黃番婆爲元帥，劉仲、劉港、劉邦頂、王奉、陳委、洪番仔、吳貓、李武松、許六、孫惡等爲先鋒，柯亭爲軍師。吳允不受封，自稱開國功臣，賴牛亦自稱元帥，各就所居，招集黨羽。丙、通據店仔口以南，辦、連據崙仔莊、土庫；分所部爲四十二股，每股百餘人至數百人，共推丙爲總大哥，諸股首爲大哥，下置旗首，所部稱旗脚，派飯分穀，而使各莊居民出錢領旗，自保其莊，以攻汛斬官所得軍械爲武器。

十月初三，張丙率衆圍攻嘉義縣城，因爲城內僅有參將一員、守備二員，不能舉兵出剿，典史張繼昌飛檄勸民閉城堅守；丙衆聚多，蔡恭、梁辦、莊文一、吳鰍、陳開陶、黃元德、陳太山、劉眉滾、杜鳥番、張廖諸股首率衆皆至，每股二、三百人，計不下萬五六千人。翌日，丙分衆攻大武壠汛，傷試用縣丞，委署嘉義縣大武壠巡檢秦師韓，又攻目加溜灣，把總朱國珍戰死。劉廷斌北巡在途，於下茄苳聞警，遂帶領將備前往救援，但因續發之兵未能如時到達，故僅帶兵二百；丙分道堵殺，廷斌勢孤莫敵，退至嘉義城附近，丙之先鋒劉仲突出夾擊之，使廷斌腹背受敵，陷於苦戰。官兵將敗，幸有前福建浙江水師提督王得祿從弟武生王得蟠，率義勇至，護廷斌入縣城。護安平協副將周承恩殿後不知，以爲猶在敵圍，回馬反撲，馬躓被刃，猶殺數十人而殪。總兵劉公呼開城，城中守兵疑爲丙徒所僞，乃以砲擊之，砲高未中，

<hr>

〔註10〕道光十二年十一月初二（甲戌）聖諭：「……據平慶由六百里馳奏：『臺灣府知府呂志恒家丁周琳逃回稟稱：署嘉義縣知縣邵用之在店仔口莊遇賊向捕，因所帶兵役無多，被賊戕害；伊家主暨護臺灣左營遊擊事都司周進龍、前代理嘉義縣事南投縣丞朱懋同在縣城，聞信即會帶兵勇追捕，行至店仔口附近地方，伊家主被賊用長槍戳傷墜馬，伊亦被砍昏暈倒地，醒後見伊家主屍停地上，周都司、朱縣丞及賊匪不知去向。』……」

反擊及丙衆，丙衆乃退。是役，將弁死者九人，兵丁百餘人，軍械盡失。至日暮，獄囚乘機謀遁，獄中火起，廷斌下令捕戮欲逃者；嗣以典史張繼昌爲署，權理縣事，修戰具，募民勇，築土圍以繞城。張丙等以牛皮檔、竹梯攻城，劉廷斌親自率民勇禦之，並施放槍砲，傷丙衆甚多，丙亦被砲傷面，兵勇間有受傷。廷斌飭署澎湖協副將溫兆鳳帶兵四百名出城，轟斃旗腳多名，生擒一名，城外武生何朝仁等追獲一小頭目張糖（即張淙），丙徒潰散。又有別股江七、曾吉、侯虎、歐淙、柯和尚、蔡臨、廖花、吳貓等蜂起攻城，或焚掠粵莊，忽合忽分，郡城戒嚴，廷斌竟夜捍衛，施砲退亂。

初七日，股首詹通、黃番婆率衆攻破鹽水港，守備張榮森加戰陣亡，巡檢施模、外委蘇連發俱傷。鹽水港爲嘉義之咽喉，且是縣城屏障，既破，黨勢大振。初八日，丙撤嘉義之圍而去，自是與諸衆四處誘脅，分掠嘉義縣下各汛，劉廷斌即在城外再築土牆以圍城，凡五日而成。是時，迤南之黨徒漸逼府城，府中初不知守令被戕，及聞自大排竹遁歸者述其狀，臺灣道平慶始以同知王衍慶權攝府事，環城樹柵開濠等，積極籌備戰守。府中紳士聞變，亦助餉募勇，並遣貢生陳以寬涉險內渡告警。時府城訛言日熾，又有中營遊擊武忠泰墜井死，士民無以寧日，相率欲逃。王衍慶拔刃令衆曰：「敢言走者，斬！」適獲劉仲所遣之偵探吳連等三人，與在獄盜賊張膽等六人，並斬以威民，衆稍定。劉仲、劉港、劉邦頂、蔡恭攻破鹽水港後，進據大穆降莊，以窺府城，及聞吳連等被捕，不敢輕進，回衆助攻嘉義城，而留蔡恭屯紮麻豆莊，與丙互相呼應。十一日，張丙復遣人劫鹽水港。十二日，陳辦攻笨港（在嘉義縣西三十里），屢爲縣丞文煊，千總蔡凌標所敗。故嘉義所屬各汛被焚掠，獨笨港能幸免。十四日，丙復攻嘉義縣城，令黃番婆運來鹽水港缺口大砲於城下，然不會使用，即強所虜之兵發之，兵故意高射，砲彈上飛不及城，連發十餘砲皆然，城中之人疑有神護，張丙亦自疑，環打三日，不下而去。

張丙自起事以來，設兵分職，連敗官軍，衆至三萬，而南北亦因之以應。

在南路方面：十月十日，鳳山縣人許成（閩人）豎旗於觀音山（在高雄縣楠梓街正東四·五公里），亦號天運，封吳歐先爲軍師、柯神庇爲先鋒〔註11〕。以滅粵爲辭，阻運郡米並窺郡城。張丙原欲令附己，以所獲呂守之轎迎之，飯其衆，但因不能飽而去。時臺灣縣人林海亦豎旗舊社莊，攻羅漢門，聞官

〔註11〕吳歐先，《臺灣通史》作歐先；柯神庇，《臺灣通史》作柯紳庇，《南部臺灣志》作柯庇；均誤。

兵欲捕，走附許成。〔註12〕十四日，許成攻阿公店（在今高雄縣岡山鎮），爲埤頭千總許日高所破，於是放棄窺府城，改南攻鳳山。嗣又與林海合攻東港，殺巡哨二十七名。

在北路方面：十月十二日，彰化縣人黃城受張丙之邀，豎旗於嘉義與彰化間之林圮埔（今南投縣竹山鎮），自稱興漢大元帥，用故明正朔，以僧允報爲謀主，伺機欲動。彰化縣令李廷璧聞嘉義有內部，乃與鹿港同知王蘭佩勸民聯莊，合力保禦，故內部遂不得逞，廷璧與副將葉長春設解散招來之計，收簡象等八人，允免死，日後頗得彼等助力，於是地方稍靖。

斗六門（今雲林縣斗六鎮）汛界於嘉義、彰化之間，額設縣丞、守備、千總各一員，帶兵防守，與嘉義、彰化兩縣有輔車相依之勢。北路股首黃城既恨馬步衢等之拆其屋搜拏，又圖與張丙連成一氣，遂於十月二十七日，與梁辨、莊文一、吳貓，率衆千餘共攻斗六門。

斗六門大營在土圍竹柵中，縣丞方振聲〔註13〕、守備馬步衢、千總陳玉威〔註14〕乃就地設險守禦，增壘浚濠，又與眷屬居營中誓偕死。斗六門負山扼溪，地絕險，然兵力單薄。

陳辦初起事時，知縣邵用之在嘉義迤北彈壓查拏，而張丙等又在嘉義迤南聚衆掠地攻城，邵用之即速馳往，劉廷斌乃令嘉義都司事千總許荊山速回嘉義縣城防守。當許行至土庫莊外溪底地方，被股衆搶去坐馬砲械，兵丁亦有傷亡，遂退入土庫莊內，不敢回縣。後管鎮原帶兵九十餘名，潛赴斗六門汛，經馬步衢留汛協防。

馬步衢見股衆屢窺斗六門，乃諭令斗六門街富戶監生張彩五（即俗稱之張紅頭）雇募鄉勇二百名備用，張不允，馬斥其坐觀成敗，並稱平賊之後，定當究辦，致使張紅頭心懷怨恨。股衆屢攻不成，十一月一日又被鎗砲轟斃約二百餘人，預將撤退，時張紅頭令其族人張成糾集無賴，幫同股衆圍攻，

〔註12〕 林海聚衆百餘人，豎旗舉事，而其部陳電、林隴、黃祥、李典四人爲同知王衍慶、沈欽霖所擒，斬決，林海中箭脫逃。

〔註13〕 方振聲，浙江山陰人，寓居順天大興。供職武選司，出任福建閩南巡檢，道光八年（西元1828年）任羅漢門巡檢，越三年陞至斗六縣丞。道光十二年，張丙起事，方殉職；光緒二年（西元1876年）八月，調補嘉彰斗六門縣丞孫澍，爲作死事大略，以資後之採風者。

〔註14〕 陳玉威，《臺灣通史》作張玉成或陳玉成，疑誤。《嘉義縣志》亦誤爲陳玉成。陳爲斗六門署千總，後於張丙一役中殉職，家世未詳。《清宣宗實錄》、《清光緒臺灣通志》均以陳玉威爲把總。

致其勢既潰復熾。初三夜，張紅頭與黃城之軍師僧允報設計，圖用牛車裝載稻草，欲填塞濠溝，陳玉威諸人乘其等尚未卸車，即先拋擲火罐，火發牛狂奔，計不得行。是夜僧允報等復令牛車裝載青草，覆以淤泥，塞濠以渡，進逼竹圍。馬步衢督諸弁禦之，然許荊山首先畏却，黃夜率領兵丁砍開營後土圍竹柵逃逸，致使人心惶惑，股眾乘間縱火，破柵攻入。

其時有線民陳馬等力勸馬步衢亦逃之，馬堅不允，力矢死守；馬並無家屬在汛，而方振聲知難抵敵，囑令家屬逃生，將五歲幼子方淮善同其生母梁氏，托交雇婦蕭李氏帶出逃匿甘蔗林內。後馬步衢等持刀巷戰，不敵，玉威戰死，而振聲、步衢縱自焚，不死被執，不屈而亡。振聲之繼妻張氏被俘後罵賊，被劓鼻、剜舌，死尤慘，其幼女亦從死。玉威妻唐氏亦以身殉。振聲幕友沈志勇因賓主情深，不忍捨去，其次子沈聯輝願與父同進退，把總朱萬斗，家丁江承惠、曾大祥、邱新等，皆一併死之，弁兵劉長恭等沒者二百餘人。

在危急之際，馬步衢等曾急作草稟，並於稟內開列預備殉難人姓名，蓋上鈐記，逼令陳玉威之子陳繼昌改裝易服，潛赴劉廷斌處投遞告變。繼昌逃出投稟後，因覺仇深不共戴天，故自雇義勇，緝獲黃城股夥江濱、賴牛二人，送官審辦。

黃城攻佔斗六門後，以黃雉萊〔註15〕為縣丞，守斗六門，再親率其眾南助張丙，然為清軍所敗。

當府城聞嘉義被困久，且嘉義城中諸將皆在外，乃令澎湖協標左營守備陳雲蛟，與署都司蔡長青管帶千總楊希盛、外委陳高升等十八弁、兵九百餘名，運軍裝鉛藥，於十月十一日出府城馳援嘉義。是時，蔡恭已回麻豆莊，當偵知長青等在十六日下午將抵茅港尾（今屬臺南縣下營鄉茅港村），即與劉仲、劉港、劉邦頂、江七、曾吉、蔡臨、杜烏番、陳太山、劉眉滾分隊夾擊於曾文溪（此為嘉南平原一大溪，發源於水山，上游稱大埔溪），陳雲蛟、蔡長青督率弁兵，施放鎗砲，擊退股眾，就地紮營。十九日早，蔡恭等掩至，官兵終因寡不敵眾潰敗，却因溪水阻隔不得渡退，被擊斃者，共有蔡長青、楊希盛等十八員弁，兵丁二百零七名，又軍火器械、旗幟軍裝悉失。守備陳雲蛟、外委陳高升及兵丁五百餘人退回府城，其餘弁兵不知下落。二十三日，張丙焚嘉義北門，廷斌帶兵出擊，互有殺傷。丙又脅仔寮莊，破之，勒索銀穀。

〔註15〕《臺灣通史》作黃雉菜，誤。

　　初，鳳山粵莊的監生李受藉臺灣知府王衍慶之諭札，邀各粵莊斂銀穀，聚義勇。因股眾日聚，故組織六個「臺灣義民團」，製「義民旗」六面，藉口許成曾宣言滅粵，故以自保爲詞，拒赴府城增援，反趁隙劫閩人，連日攻萬丹、阿猴諸閩莊。十月二十八日，劉廷斌因聞義首王得蟠集義民，圍攻詹通於灣內莊，故派兵勇助之，斬旗腳百餘人，燒其寮，毀其一軌三輪車八輛而返。三十日，張丙又分股圍嘉義城，城中出兵勇與戰，股首陳太山、劉眉滾被擒誅。至是，張部連戰失利，銳氣頓消。陳辦與陳連攻大埤頭與双溪口之粵莊，亦未勝。

　　十月三十日南路股眾圍鳳山埤頭竹圍，埤頭無城，因樹箣竹繞之，故名竹圍。是地有縣署。股眾因得內應，當夜縱火逼縣署，署游擊翁朝龍退守火藥局，署知縣託克通阿與千總岑廷高列砲於縣庭，股眾鼓譟至，則點砲擊之，後捕得股首林海磔之，從此股眾不敢再窺鳳治。

　　溯自張丙等起義以來，攻嘉義城幾一月，却未能下，加上各股首亦互爲雄長，分居各莊以自飽，立鎮南、鎮北、中路、南路元帥之目；郭桃、葉斷亦各自爲股；吳允得眾歸心，還有兼併之意；唯孫惡、柯亭仍按舊封，遂捨城而去，改與諸股眾分就民莊以爲食。起初張丙告示不侵鄉里，領其旗即可自保，但若派飯封穀買旗，各保莊均應應之；然後竟勒索無厭，稍有不應，則縱部大掠焚莊而去。鄉民知其等已食前言，不得已遂相率協力拒之。由紳士與股庶各莊捐錢，設義民旗鼓，擒殺黨徒股首。丙部股首葉斷爲莊民執殺，杜烏番、張廖果、郭桃、吳貓、柯和尚等被紳士所擒，皆被磔於市。僅剩遊民未得食者，群附張丙。

　　當閩中接獲臺灣告警之報後，清廷即命福州將軍瑚松額〔註16〕爲欽差大臣、鑲紅旗蒙古都統哈朗阿爲參贊大臣，帶領御前侍衛巴清德、乾清門侍衛華山泰、齊克唐阿、凱隆阿並巴圖魯，侍衛章京等三十員名，一同馳驛臺灣剿賊。後由瑚松額酌帶數員赴臺，其餘著哈朗阿管帶回京。

　　同時先派福建陸路提督馬濟勝率兵二千名渡廈門，金門鎮總兵寶振彪率兵一千三百名渡蚶江，副將謝朝恩率兵一千二百名渡五虎，分道赴臺支援。

〔註16〕瑚松額，巴岳忒氏，滿洲正黃旗人，西安駐防。由前鋒，累以軍功，於嘉慶二十三年（西元1818年）擢福州副都統，署福州將軍。後因臺灣張丙，陳辦事起，授爲欽差大臣，偕參贊哈朗阿赴勦。及抵福建，提督馬濟勝已擒股首，臺灣略定；道光十三年（西元1833年）春，命仍渡臺，搜捕餘黨。以事成加太子太保。道光二十七年卒，贈太子太傅，賜卹，諡「果毅」。

提督馬濟勝將兵二千，乘十三舟，於十一月初一連艟抵鹿耳門（道光初臺江淤塞後，鹿耳門口改變爲曾文溪下游溪口，往來船隻俱泊港外）後，即分遣海防部隊，封鎮海上。十一月初三移駐府城北門外較場，難民跪道呼冤者萬餘人。初五日，以貢生陳廷祿爲嚮導，進兵西港仔，獲偵探，訊明黨狀。初七日，抵達茅港尾（今臺南縣下營鄉茅港村），遇股衆二千，敗之。濟勝以茅港尾爲可戰之地，即命挖濠，以麻布袋盛土結壘，分三營備戰。於是，當時人人皆以官兵將勝爲必然之勢。翌日，股血由劉仲、劉港、江七、蔡恭、黃番婆率領，以五、六千人來撲。濟勝却戒兵勿動，俟其鼓譟疲乏，再開壁分隊衝出，槍砲累發，轟斃騎馬旗首一名，旗脚三百餘人，生擒二十一名，奪獲槍器械多件；而兵勇、義民祇一名身受槍傷。初十日，股衆來勢愈兇，以砲拒官軍，官軍亦以砲拒之，股衆又敗，被斬百餘人，生擒僞軍師林洛沂等十餘人，林洛沂訊供後，即行被斬首梟示。另義民、屯丁拾獲澎湖水師各營千、把、外委遺失鈐記六顆，木僞印一顆，旗一面，木匣一個——內貯書信十餘張，多係股首蔡恭與劉港、劉仲、黃番婆等期約往來之書信，因此益知黨中虛實。十二日，進兵鐵線橋（長三丈餘，以木爲之，位於今臺南新營西南四公里與下營鄉交界處），但橋長而狹，官兵不能整隊而過，且溪流湍急，無法涉渡，而股衆伏於橋北，馬提督不敢輕進，返屯茅港尾。濟勝雖聞股衆已取小道，欲絕府城之來援，又聞其等欲以燧尾牛車衝官軍，決上流水灌營，仍不退，反令築壘三重，設警以備。二十一日，張丙親率所部萬餘，蜂擁而至，氣勢甚銳，馬濟勝傳令各軍謹守營盤，預備火彈鎗砲，聽候號令，但股衆僅一味放槍聲喊，未敢向前，待其等聲嘶力竭之際，濟勝揮令官兵丁勇，分成四路，齊出攻擊，並將適用之大砲，朝股衆聚處連環施放，一方面順風拋擲火彈，轟斃丙徒不計其數。股衆驚駭奔潰，自相踐踏，官軍乘勝追擊，至灣裏溪（在嘉義縣西南七十里），殺死旗脚三百餘名，生擒賴滿等十九名，後因前隊兵丁有被鐵蒺藜刺傷足者，是以暫令收兵。而股衆訛傳馬濟勝營中有銀二十萬兩，諸無賴欲得銀，逐躡股衆後，股衆乃藉以張勢。

　　十一月二十二日黎明，馬又乘股衆不備，領兵乘機出營剿捕，生擒張丙之二元帥李武松及旗脚陳杜等十餘人。官軍追過鐵線橋，遙見股衆數人簇擁著一個身著黃馬褂之股首在前奔逃，署同安營參將玉明帶領弁兵數十人縱馬急追，至安溪寮（今臺南縣之頂安、長安、福安三村）時，有該莊武生林騰瑞率領子弟鄉衆二十餘人，將股首諸人截獲，據各鄉義民指認，確係股首詹

通，且由其身搜得之佩印亦可證之。詹通被捕後供認：在店仔口地方戕害邵縣，聚眾五千餘人，攻搶鹽水港兩次，殺傷弁兵多名，與陳辦、張丙分股，各自為首。官軍並捕得旗腳廖燕、余莊、施湖等三名，弁兵義民亦奪大砲兩尊，槍械百餘件，鉛彈一桶，暖轎二乘，馬二匹，木頭印兩顆，各色旗幟二十餘桿，割取首級耳記八十餘具，馬並將股眾之窩篷盡行焚燬。府城至嘉義一帶，道路廓清，張丙則走伏近山麻林中，官府即大張告示，促使其黨解散。原先買旗保莊、派飯從黨者，本懷二心，股眾至，則豎黨旗，股眾退，則自稱「義民」，間亦迭出乘亂劫掠者；至是，皆樹義民旗，縛股餘眾獻官，黨勢益窘。廿六日，大軍至鹽水港，金門鎮竇振彪在初三日抵臺後，自鹿港（臺灣最古老的海港之一，在鹿港溪口北岸）疏通北路，引兵來會。副將謝朝恩亦領兵三百前來，馬提督益以兵三百，令攻鳳山南路股眾。廿八日，馬提督整旅進嘉義城，總兵劉公迎之；其後，馬提督與竇總鎮四出搜捕殘黨。紳士與義民或有縛股眾來獻的，或自願引兵搜索股眾，遂得捕獲黃番婆、劉仲、劉港等股首。清官查明劉仲為前次戕害遊擊周承恩之兇要首犯，遂押赴承恩墳前，凌遲處決；而劉港係在店仔口與詹通等殺害知府呂志恒之要犯，黃番婆係於府城西關外行劫肇釁謀逆者，二人均戮於軍前。

張丙自鐵線橋關鍵性一役敗後，股勢日蹙，加之各莊又多助官軍，徬徨無所之，乃於十二月被執。清廷以張丙係起意謀逆，戕殺府、縣，殺傷將弁、兵丁，屢拒大軍之最要首犯，所以派員解送至京，盡法懲治。而黃城、江七、莊文一、陳連、陳開陶、吳扁、黃元德、許六、吳貓、梁辦、曾吉、歐宗、劉邦頂等亦先後被緝獲；至於陳辦則為嘉義新港總理林振賢等督率莊民林欽瑞等所生擒。因張丙、詹通、陳辦、陳連列為四大股首，故均生擒解京懲治〔註17〕；而梟李武松、吳扁等股首於嘉義店仔口等處；並剖黃城之心以祭斗六殉難者，連累而死者達數百人。北路遂平定。北路既平，濟勝回軍轉攻南路股

〔註17〕上諭獎賞押解逆犯張丙等來京之義民首（錄自《明清史料》戊編第六冊）：「道光十三年（西元1833年）六月二十六日，內閣奉上諭：此次押解臺灣逆犯張丙等來京之義民首州同職銜吳廷篪，著加恩賞給五品職銜，鹽運司經歷職銜羅登榜，著賞給六品職銜，俱著賞戴藍翎。欽此。」
上諭獎賞押解逆犯張丙等來京人員（錄自《明清史料》戊編第七冊）：「道光十三年六月二十八日內閣奉上諭：此次押解逆犯張丙等來京之閩浙候補道員托渾布、福建臺灣南路營參將靈德，沿途尚屬小心，妥協無誤，著施恩各賞加一級。其訊問逆犯之刑部員外郎王朝綱，亦著施恩賞加一級。欽此。（按此件見於兵部武選司造送月終冊）」

衆。十二月初二，許成往攻羅漢門汛，粤人李受亦趁隙侵入與嘉義連界的嘩吧哖闒莊。許成聞濟勝大軍南下，初七日回據二喃溝以禦，鏖戰竟日，至初八日，其黨蔡臨戰死，許成被俘〔註18〕；而臺灣道平慶會同副將謝朝恩誘獲李受，南路亦平。

至此，陳辦和張丙的起事，漸趨止息。

第三節　結果

初，總兵劉廷斌被圍困，兵備道平慶以臺灣亂狀入奏，清廷遂挑河南兵丁一千名，西安馬隊兵丁三百名，且於綠營內揀派曾經行陣之弁十數員同往，貴州兵丁五百名，四川兵丁一千五百名，由得力將弁管帶馳赴福建臺灣府嘉義縣增援；但福建巡撫魏元烺於十二月十一日接獲馬濟勝連連捷報，故上奏請止所調各省官兵，截回各省兵馬歸伍，故各省之兵皆未入閩境，當然亦無臨陣殺敵，但沿途滋事之案已層見疊出〔註19〕。

閩浙總督程祖洛〔註20〕原駐廈門調度，道光十三年（西元1833年）正月，

〔註18〕 關於剿平南路股首許成的情形，在周凱的《內自訟齋文集》，以及當時其他文獻的記載中，都是較為簡略的。道光十七年（西元1837年）間，鳳山縣歲貢生鄭蘭，為了彌補此一闕漏，乃就其所見所聞，寫成一篇古體詩——〈剿平許逆紀事（並序）〉，且自加註腳，詳加說明，實係一首上乘史詩，現收錄於《鳳山縣采訪冊》之癸部、藝文（二）、兵事（下）中。

〔註19〕 道光十三年（西元1833年）三月十二日（癸未）聖諭：「……近日臺匪不靖，調派河南等省官兵進剿，旋因首犯就擒，餘匪殆盡，中途停撤；尚未臨陣殺賊，而沿途滋事之案，業已層見疊出。如御史周濤所奏：『河南徵兵行至宿州，毆斃人命；撤回時，又攜帶幼童至十七名之多。福建兵丁勒折夫價，毆斃夫頭。遊擊庚音保任聽兵丁定期不行，開單令地方官應付；千總李福祥勒借番銀；又有兵丁強搶鹽館之案』：種種不法，皆由平日訓練不明，因循廢弛，以致恃強競法，罔知顧忌。甚至帶兵員弁通同需索。似此驕縱，又何以戢奸禁暴乎？所有滋事弁兵，業經飭交該督、撫等從嚴懲辦。……」

〔註20〕 程祖洛，安徽歙縣人。嘉慶四年（西元1799年）進士，授刑部主事；洊邊郎中。諳練刑名，為仁宗所知。京察，記名道、府；久未外簡，以截取，銓授甘肅平涼知府。部臣請留，詔斥規避邊遠，撤銷記名，留部永不外用。久之，擢內閣學士。尋授江西按察使，遷湖南布政使；調山東。道光二年（西元1822年），擢陝西巡撫；調河南。七年，丁母憂。服闋，署工部侍郎。尋署湖南巡撫，調江蘇。

十二年，擢閩浙總督。命查辦浙江鹽務；嚴定裁汰浮費章程，下部議行。當張丙、陳辦等起事後，清帝命將軍瑚松額督兵進勦，祖洛專治後路軍需。十三年，提督馬濟勝大破股衆，張丙等就擒，祖洛遂赴臺灣籌辦善後事宜。劾戰守不力之都司

移節蒞臺，受清宣宗聖諭辦理臺灣善後事宜，並著手大加整頓臺灣班兵喬娼、聚賭、殺人、不服管束及雇人替代操演諸弊端。時鳳山閩莊之被難無歸者，男女老少尚有千八百餘人，故留在府城撫卹，並捐銀令士紳於阿里港各莊結草寮以栖之，且檄令提督馬濟勝鎮鳳山，搜捕攻莊粵人，各股首、旗首之未獲者，按治之。二月，欽差大臣福州將軍瑚松額亦抵臺。

程總督、瑚將軍先後渡臺，徹查事變原因及各殉難有功與曠忽職守者﹝註

周進龍等褫黜有差，改營制、增防守；優敘，賜花翎。已革縣丞秦師韓京控提督馬濟勝矇奏邀功，並許祖洛偏袒欺矇；宣宗特命侍郎趙盛奎偕學政張鱗按鞫。後二人白祖洛之誣，師韓遣戍新疆。十六年，丁父憂，去官，服闋，引疾不出。二十八年，卒，宣宗甚惜之，贈太子太保，諡「簡敬」。

﹝註21﹞欽差大臣將軍瑚等奏審明戰守無方之員弁請分別革職治罪摺（錄自《明清史料》戊編第二冊）：「臣瑚松額、臣程祖洛跪奏審明戰守無方之休致都司及現任備弁巡檢，請旨分別革職治罪，以肅功令，恭摺奏祈聖鑒事。竊臺匪滋事案內，守禦疏懈、臨陣無勇，文武各員，前經臣等附摺奏明、查訊審辦在案。旋查知勒休都司周進龍、守備陳雲蛟、陳福龍、外委黃廷鳳、陳高升、蘇連發、鄭起龍、劉起龍、劉逢榮、陳大魁暨署巡檢施模、秦師韓等十一員弁，均各參辦，隨經分別撤任，傳提到案，發交署臺灣府知府周彥、興化府知府黃綏誥、廈防同知許某等驗訊確供，分別詳辦去後。茲據該府等錄供稟解前來，臣等會同研訊鞫審。……」

道光十三年七月十三日內閣奉上諭：「瑚松額等奏查辦臺匪滋事案內特參戰守無方之文武員弁請分別革職治罪一摺，休致左營都司周進龍平日操防不力，臨陣畏怯無能，業經以年老休致，究難因其幫守縣城稍有微勞，徑行寬縱；周進龍著革職、發往新疆効力贖罪。署臺灣城守營右軍守備事北路右營守備陳福龍、澎湖協標左營守備陳雲蛟、外委黃廷鳳、陳高升、蘇連發、鄭起龍、劉逢榮、陳大魁、署嘉義縣佳里興巡檢事大武壠巡檢施模、署大武壠巡檢事試用縣丞秦師韓，均屬戰守無方，有辜職守，雖陳雲蛟、施模事後隨營出力，陳福龍協守郡城均曾著有微勞，究屬功難掩過；陳福龍、陳雲蛟、黃廷鳳、陳高升、蘇連發、鄭起龍、劉逢榮、陳大魁、施模、秦師韓著一併革職，以示懲儆。劉廷斌於周進龍之畏怯無能，並不據實參辦，僅以年老奏請休致，轉將黃廷鳳拔補外委，實屬錯謬，業經降旨革職，著毋庸議。欽此。」以上為張丙之役中，有過失官員受罰的情形。

另有內閣抄出欽奉上諭一道（錄自《明清史料》戊編第二本）：「道光十三年七月十五日，內閣抄出七月十三日內閣奉上諭：瑚松額等奏查明搜捕逆犯、追拏粵匪、及審辦出力之隨營文武各員、開單懇請鼓勵一摺。此次臺灣剿辦逆匪，在事文武各員，或承審逆犯，究出首夥姓名，不致漏網；或辦理文案，安撫難民；或深入內山，擒獲要犯；或隨營差委，訪查一切；該員弁等妥速辦理，著有微勞，據瑚松額等擇其尤為出力者據實保奏，自應量予恩施。臺灣府知府周彥著賞花翎，遇有閩浙兩省道員缺出，奏請補用。松溪縣知縣張錫純著賞戴藍翎，以同知直隸州留於閩省即行補用。興化府知府黃綏誥著賞加道銜，並賞戴花翎。候補知府陳大溶著遇有閩浙兩省知府本班缺出，儘先

21〕；一方面按名冊窮治餘黨，梟斬者三百餘人，遣戍者倍之，復出示曉諭，散其脅從黨羽。解送至京之四大股首：張丙、陳辦、詹通、陳連四人，於道光十三年六月廿六日伏法，丙子張垂亦被解京受閹割酷刑，並發往新疆給官為奴〔註22〕。難諸弁及兵丁皆蒙優卹，斗六縣丞方振聲追贈知府銜，賜諡「義烈」，賞給騎都尉世職；其妻張氏賜諡「節烈」，誥贈淑人。署斗六門營守備馬步衢以遊擊例賜卹，賜諡「剛烈」，賞給騎都尉世職。斗六門署千總陳玉威以都司銜賜卹，賜諡「勇烈」，賞給雲騎尉世職；其妻唐氏賜諡「節烈」，誥贈恭人。方、馬、陳三人俱入祀京師昭忠祠；張氏、唐氏俱建坊旌表。其等所賞世職，均世襲罔替，即令長子承襲；另由程祖洛於斗六門擇地建立專祠，從祀妻女幕友家丁。〔註23〕被股眾所戕之原任福建臺灣府知府呂志恒、原署

〔註22〕 補用。泉州府廈門同知許原清著賞戴花翎，遇有知府缺出，不論繁簡，儘先奏請補用。……興泉永道周凱俱著交部從優議敘，毋庸賞戴花翎；其內地沿途支應兵差、雇備兵船、及省城總局經理銷算各員，著該督查明實在出力之人保奏，不准冒濫不實。該部知道，單併發。欽此。」由上可知，清廷對張丙一役中，有功的大小官員均酌與獎勵。
〔註22〕楊學文先生〈閹割酷刑〉一文指出：「……內務府現行則例會計司緣事閹割條載：『十三年七月奉旨，刑部覆奏，辦理逆案緣坐犯屬，嗣後反逆案內，律應擬凌遲之犯，其子孫訊明實係不知謀逆情事者，無論已未成丁，均著照乾隆五十四年閹割之例，交內務府閹割發往新疆等處，給官兵為奴。其年在十歲以下者，令該省牢固監禁，俟年屆十一歲時，解交內務府照例辦理，並著內務府大臣，遇解到閹割人犯，即遴派司員認真看驗，並出具無弊切結，送交刑部，刑部堂官於該犯送交後，即派司員再行覆驗，如有情弊，即回堂奏參，總須查驗明確，再交兵部，發往新疆給官兵為奴。此次臺灣逆匪張丙等家屬，即著遵照辦理，並著內務府刑部存記，遇修例時纂入則例。』按十三年七月奉旨，係道光十三年七月奉旨也。據旨中所云，著照乾隆五十四年閹割之例，又云：並著內務府別部存記，遇修例時纂入則例。可見乾隆五十四年以前，及乾隆五十四年迄道光十三年以前，無此類刑案。而張丙案後來如何辦結，外間鮮有知之。茲於整理內務府檔案呈稿時，發現辦理此案情形一摺，節錄如左：
慎刑司呈為咨送事，……略茲據閩浙總督解到應行閹割遣犯張垂，即係臺灣府嘉義縣逆首張丙之子，現經本府照例閹割，並遴派司員認真查驗，出具切結，相應將閹犯張垂，並查驗切結，及原送罪由年貌冊，一併咨送刑部查收遵照辦理可也，為此具呈。道光十六年二月。」
〔註23〕閩浙總督程祖洛奏查明故員子嗣並擇地建祠摺（錄自《明清史料》戊編第二本）：「閩浙總督程祖洛跪奏，為遵旨查明故員子嗣並擇地建祠緣由，恭摺覆奏、仰祈聖鑒事。竊臺匪滋事案內，嘉義縣斗六門縣丞方振聲等盡心守潔、效節死綏，經臣會同欽差大臣瑚松額奏奉諭旨：『查明方振聲、馬步衢、陳玉威有子幾人，一併具奏。並程祖洛於斗六門擇地建立寺祠，前層設有方振聲、

嘉義縣知縣邵用之亦照例賜卹。南投縣丞朱懋，護副將周承恩亦祭葬加等，世職如例。前任提督子爵王得祿率家屬勸諭連莊，並助官獲股衆，賞加太子少保銜。福州將軍瑚松額賞加太子少保銜，總督程祖洛、巡撫魏元烺賞戴花翎，各交部從優議敘。提督馬濟勝得授二等男爵世職，賞戴雙眼花翎，並蒙上召見獲御書「忠勇嚴明」四字之匾額。〔註24〕其他從事守城及殺亂黨的文

馬步衢、陳玉威牌位，後層設張氏、唐氏牌位，並設沈志勇‧沈聯輝牌於前楹配位，設方振聲之幼女牌於後楹配位：其從難家人江承惠等四名，俱准設牌從祀兩廡，地方官春秋致祭等因，欽此。」仰見我皇上嘉節褒忠，有加無已之至意。當即欽遵轉行分別查辦去後。茲據署臺灣府知府周彥查明方振聲僅止一子方維善。馬步衢有子三人，皆非親生，惟長子附生馬成金係馬步衢無服族姪，自幼承繼撫養長成，爲馬步衢生前所喜悦：其次子馬成玉、三子馬成龍均係乞養子，不知何姓，餘無應繼之人。陳玉威亦止一子陳繼昌。又據候補知府王衍慶勘明斗六門守備衙署之西北，爲乾隆年間黃教滋事時陣亡兵丁卓昊等二十三人薶葬處，迨後陳周全之亂侵犯斗六門，卓昊等陰靈助順，獲保乂安，軍民感其德，因就墓之西偏私建祠宇祀之，上年亦爲黃城毀壞。祠西多隙地，且甚高敞，可爲方振聲等祠墓，而卓昊等坟墓亦無妨碍。請將店仔口地方張丙等盤踞之村廟拆毀移建，並將卓昊等私祠官爲葺而新之，以示觀感等因請奏前來。……抑臣更有請者：此次斗六門殉難武弁，續經查出，尚有外委朱承恩、許國寶、林登超、蔡大貴、額外外委陳騰輝、朱萬年等六名，均經仰蒙恩旨，交部議卹。又兵丁劉長泰等二百二十二名，現亦催取冊結，彙案咨部。……所有外委朱承恩等六名，可否仰懇皇上天恩，一併設牌於前楹左配位，將沈志勇、沈聯輝列於右配位：其兵丁劉長泰等二百二十二名並設牌從祀兩廡，列在江承惠等四人之上，俾昭激勸之處，出自聖主格外鴻慈。……臣謹遵旨查明覆奏，伏乞皇上聖鑒訓示。謹奏。」道光十三年八月二十日奉硃批：「俱依議辦理。欽此。」
〔註24〕上諭獎賞福建陸路提督馬濟勝、福建巡撫魏元烺（錄自《明清史料》戊編第七冊）：「道光十三年十二月初五日，內閣奉上諭：本日召見福建陸路提督馬濟勝，年屆七旬，精神強固，朕心甚爲嘉悦。上年冬間，臺灣逆匪張丙等聚黨滋事，分股肆擾，戕害官弁。惟時全臺官兵一萬四千餘名，不能得力。該鎮等嬰城固守，請調兵三萬赴援。馬濟勝經魏元烺派往，獨帶兵二千渡臺接仗，身先士卒，所向克捷，以少勝衆，一戰成功。各股賊匪紛紛潰散，逆首陸續就擒，不煩內地兵力。當瑚松額等未經渡臺以前，全局戡定，厥功甚偉。前經賞給御書『忠勇嚴明』四字扁額、二等男爵世職、雙眼花翎，茲來京陛見，允宜優加懋賞，篤眷酬庸。馬濟勝著加恩賞晉二等子爵世職，在御前侍衛上行走，紫禁城內騎馬，並賞御書『福』、『壽』字各一方、寶藍緙絲蟒袍一件、纓緯兩匣、大卷八絲緞兩件、大卷紅綢兩件、頒給祗領，以獎忠勤。再，臺灣一役，福建巡撫魏元烺於奏請調兵時，稔知臺灣府城爲根本重地，一面奏聞，一面派馬濟勝帶兵前往，迅奏膚功，辦理甚合機宜。魏元烺著加恩賞戴花翎，仍交部從優議敘，以示朕論功行賞權衡至當之意。欽此。」

武官員及士紳義勇等有功者，亦賞戴花翎或藍翎，升敍有差。

臺灣鎮劉廷斌因在任多年，竟未知城守營右軍守備應駐下茄冬地方，且各營兵房又多倒塌，兵丁賃居民房，竟有離汛貿易，請代當差值宿種種不法之弊，況平日操防疏懈，臨事措施又多失當，並遭程祖洛奏劾；清宣宗念其守城數月，尚有微勞，照兵部之議與以革職，却免其遣戍之罰。臺灣道平慶統轄全臺，謹飭平和，民情愛戴，其官聲在臺地為最，惟性軟多疑，不能嚴屬率屬，故輿論有「平菩薩」之稱，乃於呂志恒剛愎自用，邵用之不協輿情之時，未能事先預防，以致釀成張丙、陳辦之舉事，動煩兵力，已難辭失察之咎，且該道係加按察使銜，例有奏事之責，然於劉廷斌廢弛營務並未據實舉劾，貽誤地方，有乖職守，吏部原議革職，宣宗念其在臺灣道任內，操守清廉，官聲甚佳，且有守禦府城之微勞，遂加恩以六部主事用。臺南署遊擊周進龍督兵擒捕股眾，中途相遇，督兵開砲竟不能出聲，以致為股眾所乘，故被革職，遣戍新疆。生員吳贊代人包送米糧，被搶後並不查明真象，輒將張丙牽控，激成事端，為此事端之肇釁者，應被革去生員，然因雇募義勇，協守嘉義，並捐助賞番銀二千圓，故從寬免其置議。

張丙起事之初，以貪官污吏妄殺無辜為詞，致使人言籍籍，清宣宗特諭令瑚松額、程祖洛確查，二人詳查後，上了一「福州將軍瑚松額、閩浙總督程祖洛覆奏臺匪起釁根由摺」，除查明陳、張起事根由（註25）外，並說明：「原

〔註25〕福州將軍瑚松額、閩浙總督程祖洛覆奏臺匪起釁根由摺：「……臣等富於提訊逆犯時，究出生員吳贊代人包送米石被搶控辦。據張丙供有吳贊餽送邵用之番銀之事。詹通亦供吳贊於伊等謀反後，畏懼被殺，亦曾送伊番銀六千元。質之吳贊，均不承認。又陳辦因與張阿凜挾嫌糾攻粵莊，劉廷斌往捕。追獲二人正法，不知姓名。張丙等供係割禾良民。檢查平慶原奏，與現訊張阿凜所供，並委員所查姓名，無一相符各緣由，先行附片奏明在案，臣等伏查此案各股逆者，非疊刼未獲盜犯，即遊手無賴棍徒，素為戚黨所不齒，居民所共惡。乃一經倡亂，旬日之間，蜂起響應，聚眾即至萬餘。若非早蓄異謀，分股竊發，即係地方文武，實有貪婪枉法。妄戮無辜情事，以致激而生變。是張丙等所供各情，實為案中緊要關鍵。此就搜根澈底，無難水落石出。……其所供吳贊餽送邵用之番銀三千元一節，張丙聞之詹通，而詹通則供稱吳贊自向告知；並無切實證據。陳辦亦供張阿凜曾送邵用之銀一千元，堅執逃逆蔡神助為證。張阿凜又極口呼冤。臣等即以張阿凜曾否行賄，為邵用之有無婪贓之實證。當經設法購拏蔡神助，獲案質訊，毫無影響，始據陳辦供認挾嫌誣扳。是張阿凜之行賄，有供證可憑者，既訊係虛誣，則吳贊之行賄，供由本人向告者，其為仇口無疑。且亦無賄求懲辦詹通，轉自告知詹通之理。又詹通所供，吳贊於伊等起事時久已

任臺灣府知府呂志恒居官尚屬能事,而果於自用。臺灣道平慶以原署嘉義縣知縣邵用之不協輿情,飭令呂志恒先赴嘉義,將其撤任;呂志恒並未遵辦,轉以邵用之可靠稟覆。又因馭下苛刻,出納是吝,遂致謠言四起,並無別項劣跡。原署嘉義縣知縣邵用之到任甫及半載,因不能約束家丁胥役,致民間嘖有煩言,然亦無貪婪實據。」因此據清官方的調查,呂志恒、邵用之並未有貪污凌虐以激民變之事。

道光十三年(西元 1833 年)五月,陳辦、張丙之役終告完全平止,六月,瑚將軍內渡,以次撤兵;七月,程總督處理善後事宜完竣,巡閱北路而歸,而新任臺灣道周凱〔註 26〕亦於同月抵任。周凱任臺灣道一百零九日,在其任

遷避城內,城已閉守,何能出城向賊送銀?核對原卷,吳贊實於五月二十一日遷居縣城,十月間又雇幕鄉勇協同守城,內外隔絕,所稱並無送給詹通番銀,似亦可信。

至劉廷斌捕賊時所殺二人,並無姓名:當日原奏,但稱兇惡,亦無兇惡情形。其解縣之許實、蕭昂、羅泳富三人,續經問知姓名,尚未訊有供詞。又因反獄正法,事本可疑,則張丙等所供妄殺良民,不為無因。

臣等竊以被殺者果係無辜,必有控訴呈詞。檢查道府原卷,並無案據。即臣等到臺月餘,亦未有人控及此事。因張阿凜供有何援舍家佃戶之語,委查何援舍已故,其家田畝,訪係許坡佃種。傳到許坡,則稱所雇割禾二人,實名李井、洪霧,不知何故被殺。又許實、蕭昂,亦係同村割禾,不知何故被拏。再三推究,據供出伊本雇短工二十餘人,各自在田割禾,李井、洪霧先各走開,旋見其手執刀斧,扛擡腰斷豬隻奔走,劉廷斌自後追及,拏獲正法。又有許實、蕭昂奪贓逃至陳乞等所割禾旁,亦被劉廷斌拏去。至李井身材矮小,並不名豹,洪霧身材高大,卻又無麻,因何又有矮仔豹、麻仔高之稱,並其刀斧、豬隻從何處得來,均不知道。質訊傳到之陳乞,供亦脗合。……是被殺之人,果否實係彩搶賊匪,抑止攫取賊遺贓物,雖未可定,而劉廷斌之咎止草率,尚非無故妄殺,實已信而有徵。惟劉廷斌既不知其姓名,何以該道平慶原奏又有矮仔豹、麻仔高之名?查據覆稱,係憑邵用之原稟敘入,吊查原稟,亦屬相符。至邵用之稟內原何寫此二名,則已無從追究。又張阿凜所供林矮仔豹、何麻子高,訊係得自傳聞。……是張丙等所供劉廷斌妄殺良民,亦係隨口混供,不足為據。此外別無供涉官吏之事,亦無地方文武釀亂激變別情。」

〔註 26〕周凱,字仲禮,浙江富陽人。清嘉慶十六年(西元 1811 年)進士,道光十三年(西元 1833 年)為分巡臺灣兵備道。承嘉義店仔口張丙之役後,搜捕餘黨,然為被脅者則宥之,其間有謀起事者,周凱獲其諜林振,知已暗藏數百人,於城中約日舉事,以衣領袖口辮線,分五色為識。凱夜出大索,及明,會鎮兵撲其業,悉置諸法。十七年七月,以疾歿於官,年五十九,特旨加授按察吏銜。凱宗程朱之學,兼能詩屬文,學者稱「芸皋先生」,著有《廈門志》、《金門志》、《內自訟齋文集》、《內自訟齋詩集》、《澎湖紀行詩》等。

內，與總兵張琴繼續大事搜捕張丙餘眾，得四十餘人，親鞠犯供，對於前後傳聞、異詞，則訪求顛末，稽之章奏、案牘，寫成一文，收錄在《內自訟齋文集》中，此乃記錄陳、張之役較爲完整的第一手資料。

　　道光十三年十一月十四日，閩浙總督程祖洛酌籌「臺灣善後事宜」二十條。一、禁偷渡以杜盜源。二、行清莊以除盜藪。三、嚴連坐以杜包庇。四、禁搬徙以免窺伺。五、實力化導以挽頹風。六、修建城牆、竹圍、砲臺，增設月城、兵房，以資捍衞。七、劃勻臺灣、嘉義二縣疆界，以資維制。八、酌議裁改汛防，以資巡查彈壓。九、修築土堡、衙署、兵房，以資戍守。十、練習技藝，以臻熟諳。十一、按期會哨，以資巡緝。十二、駐防汛弁，不准任意更調。十三、酌更營弁調補內地章程。十四、酌減臺募兵數，以資約束。十五、考校班兵，以杜頂冒。十六、選製軍器，以收實用。十七、清釐屯務，以示體恤，而資調遣。十八、整復隘口，以杜勾番滋事。十九、嚴硝磺之禁，以杜私煎。二十、嚴申鐵禁，以防偷漏。宣宗遂命大學士曹振鏞等會同吏部共同商酌考量、曹等在道光十四年上了「會議臺灣善後事宜疏」，除第十三條中「該督請將臺灣水師陸路千總一律插升內地守備」一項，曹等認爲施行頗多窒礙，且與舊定章程分歧，故決「應無庸議」外，餘皆同意程之所奏。

　　所以清宣宗在道光十四年正月即從程祖洛之奏，頒定了「臺灣善後事宜二十條」；此乃因陳辦、張丙的舉事，促使清廷對臺灣之吏治庶務，做了一番檢討與整頓。

第四章 〈臺灣陳辦歌〉之注釋

听唱新編一歌詩

按:「听」:音聽,聽之譌字。

《字彙·醒誤》:聽,汀去聲,聆也,從也,今誤作听。听,銀上聲,笑貌。相如賦:听然而笑。

「編」:編之俗字,尤見於刻版中。

「听唱新編一歌詩」:當指〈臺灣陳辦歌〉而言,此類句子常用於歌謠的起首。

正是加義崙仔人氏

按:「加義」:即今之嘉義。嘉義古名諸羅,據清康熙五十六年(西元 1717 年)周鍾瑄所撰之《諸羅縣志》云:「諸羅縣故統名臺灣,海外荒裔,地不知所屬。……(清康熙)二十三年,設縣治於諸羅山(地爲鄭氏故營址),因以命名,取諸山羅列之義也。縣隸臺灣府,地南自蔦松、新港,東北至雞籠山後,皆屬焉,極海而止。(置縣後,以民少番多,距郡遼遠,縣署、北路參將營,皆在開化里、佳興里,離縣治南八十里。四十三年奉文:文武職官俱移歸諸羅山,縣治始定。)」而連橫《臺灣通史》則云:「嘉義,古諸羅也。諸羅,番社名,又山名,而舊志以爲諸山羅列,非矣。」

清乾隆五十一年(西元 1786 年),林爽文舉事,彰、淡俱陷,圍諸羅不下。當時諸羅溪口,有一武解元黃奠邦,統率義民,協助提督柴大紀,數度圍剿林部,屢建戰功。乾隆五十二年,事平,高宗皇

帝以諸羅人民，幫同官兵，奮勇守禦，保護無虞，人民急向義，眾
志成城，應賜嘉名，以旌斯邑，著將諸羅改爲「嘉義」。嘉義即由此
而得名。

「崙仔」：即北崙仔莊。「仔」爲語助詞，如：桃仔、李仔。

平生凬流結朋友

按：「凬」：風之簡字。

《宋元以來俗字譜》：風，《通俗小說》作凬。

「風流」：謂不守禮法，行異於眾人。

《晉書·王獻之傳》：王獻之高邁不羈，風流爲一時之冠。

粵庄牽伊個牛牯

按：「庄」：莊之俗字。

《正字通》：莊，田舍曰莊，俗作庄。

「牽」：即牽也。

「個」：據李獻璋先生在〈清代福佬話歌謠〉一文中指出：誤介詞「兀」
爲個。

「牛牯」：公牛也。

「粵庄牽伊個牛牯」：粵莊人張阿凜爲報復陳辦毀其芋田，乃率眾焚
燒陳辦家室，並誤牽他人牛隻作抵。

庄老叫着牛還伊

按：「老」：爲長者之稱。而長者亦以稱晚輩、鄉黨俊秀，父執多呼其字，
或稱曰某老。

《周禮·地官，鄉老註》：老，尊稱也。

「叫」：叫之俗字。

《正字通》：叫，俗作叫。

「着」：著之俗字。

《直音》：着，俗著字。

「遝」：還之俗字。

《宋元以來俗字譜》：還，《取經詩話》、《古今雜劇》等均作遝。

「伊」：他也。

若卜活牛再出世

按：「卜」：欲、要也。

「若卜活牛再出世」：如果想要取回活的牛，那只有等小牛出世了。意指牛已被殺，毫無復生交回的可能。

老天一時有主意

按：「老天」：疑作老夫。

漳泉人人受着驚

按：「漳泉」：佔臺灣居民總數十分之七、八的閩南人，多半來自福建省的漳州與泉州，因此以「漳泉」作爲閩人的代稱。

「受着驚」：吃了一驚。

一時受氣沖起天

按：「受氣」：生氣也。

「沖」：沖之俗字。

《玉篇》：沖，俗沖字。

「起」：起之俗字。起从走，而走的俗字作辷，在《通俗小說》中可見之。

双溪客仔驚惶惶

按：「双」：雙之俗字。

《韻會》：雙，俗作双字。

「双溪」：見於前一章之註語，茲不贅引，餘同此。

「客仔」：客家人也。

「驚惶惶」：形容驚惶之甚也。臺灣閩南語中，喜用叠字作爲形容詞；下面歌句「灌酒醉醉絪縛伊」中之「醉醉」亦然。

請出緫理朱主意

按:「緫」:總之俗字。

《宋元以來俗字譜》:總,《金瓶梅》作緫。

「緫理」:地方耆老,官給戳記,使理一鄉或一地區之事。

「朱」:即来。来為來之俗字。

《廣韻》:來⋯⋯俗作来。

整頓器械力妻兒

按:「頒」:即頓也。「噐」即器也。

「力」:捉也。

「兒」:兒之俗字。

《宋元以來俗字譜》:兒,《列女傳》作兒。

陳辦伊母受廹辱

按:〈臺灣陳辦歌〉中,常在人名右側,添加私名號,然誤用與疏漏多見;因無關宏旨,故他處不再一一說明。

「伊母」:他的母親。「伊」可用作「他」的「代名詞」或「所有代名詞」。

「廹」:應作迫。迫从辵,非从辶也。

伊妻客庄慢凌遲

按:「凌遲」:與陵遲同。章太炎《新方言》曰:「古語陵遲為漸下,陵遲者,猶言夷也;今語陵遲為剖腹支解,陵遲者猶言夷也;古今兩言陵遲,所指各殊,然其為夷,一矣。」

凌遲,古之極刑也。起於何時,史無可考,然在宋時最為盛行,明律始纂入正條,其後凡犯謀叛大逆及逆倫者,皆用此刑,今廢。所謂凌遲處死,即前代所謂呙(剮)也。

在此處,「凌遲」宜作「羞辱」解。據清周凱《內自訟齋文集》,連橫《臺灣通史》等書記載,陳辦之妻乃自經而亡;也因此,促使了陳辦積極抗清戕官。

屢次攻庄ᒫ不入

按：「屢」：屢之俗字。

《宋元以來俗字譜》：屢，《通俗小說》作屢。

「ᒫ」：表示與前字同。

挪帖請出張炳兄

按：「帖」：請簡也。

《侯鯖錄》：右軍爲換鵝帖，今爲換羊書矣。

「挪帖」：拿請簡也。

「張炳」：史作張丙，原籍福建漳州府南靖縣人。

詹通黃城并黃奉

按：「詹」：即詹也。詹，詹之俗字。《集韻》：詹，俗作詹。

「詹通」：張丙舉事時，詹通爲其最得力之部屬，後被丙封爲元帥。事敗後，因同列爲四大股首之一，故與張丙、陳辦、陳連，一併被生擒解京處死。

「黃」：黃之俗字。

《字學舉隅‧正譌》：黃正，黃俗。

「黃城」：臺灣彰化縣人，豎旗舉事於林杞埔（今南投縣竹山鎮），自稱「興漢大元帥」，用大明年號，與張丙相互呼應。

「黃奉」：史作「王奉」，張丙建號舉事後，被封爲先鋒。

刘港刘仲与蔡恭

按：「刘」：劉之簡字。

《宋元以來俗字譜》：劉，《通俗小說》作刘。

「刘港」：被張丙封爲先鋒，殺臺灣府知府呂志恒者。

「刘仲」：被張丙封爲先鋒，乃殺安平協副將周承恩之人。

「与」：「与」與「與」通。

《說文》：与，賜予也；一勺爲与，此與予同意。段注：與，黨與也，從舁，義取共舉，不同与也，今俗以與代与，與行而与廢矣。

「蔡恭」：張丙起事時之一股首。

陳連江七連候虎

按：「陳連」：陳辦之得力助手，後張丙封其爲元帥，名列陳、張舉事中的四大股首之一。

「江七」：張丙舉事抗清時之別股。

「虎」：即虎也。

「候虎」：史籍中均不見候虎之名。

番婆刘邦鼎歐綜

按：「番婆」：即黃番婆，張丙封其爲元帥。

「刘邦」：史作劉邦頂，張丙封其爲先鋒。

「鼎」：即鼎。與、和也。

咬指揷血盟兄弟

按：「揷」：插之俗字。插字實爲歃字之誤。所以，「插血」應作「歃血」。
「歃血」：古時盟誓時，以血塗口，表示信守，名之爲歃血。
《禮記‧曲禮下》疏：「約信者，以其不能自和好，故用言辭，共相約束以爲信，知此則用誓。涖牲者，盟所用也。涖，臨也，盟者殺牲，歃血誓於神也，若約束而臨牲，則用盟禮，皆諸侯事也。盟之爲法，先鑿地爲方坎，殺牲於坎上，割牲左耳，盛以珠盤，又取血盛以玉敦，用血爲盟，書成，乃歃血讀書。……盟牲所用，據《韓詩》云：天子諸侯以牛豕，大夫以犬，庶人以雞。又《毛詩疏》：君以豕，臣以犬，民以雞。」

「咬指揷血盟兄弟」：意指張丙等人，歃血爲盟，結爲兄弟，相約舉事反清。

請出吳三江商議

按：「吳」：吳之俗字。《正字通》：吳，俗吳字。
「吳三江」：史料中無此名，其生平不可考。

「商」：爲商之誤字。

《廣韻》：商，本也，都歷切。

若還謀乱只事志

按：「乱」：亂之俗字。《正字通》：乱，俗亂字。

「事」：事之俗字。

《宋元以來俗字譜》：事，《取經詩話》、《通俗小說》等作事。

「只事志」：這大事也。大事者，事情也。

須着陳水未帮伊

按：「須着」：須得也。

「陳水」：其人不可考。

「帮」：幫之俗字。

泥鰍無水不成龍

按：「鰍」，即鰍也。

「泥鰍無水不成龍」：此爲閩南俗語；意指若無適當的協助，則小人物難成大事也。

諸羅太爷闻反意

按：「爷」：即爺也。「闻」：即聞也。

「諸羅太爷」：指嘉義縣知縣邵用之；邵用之，浙江餘姚人，由實錄館供事議敘，清道光十二年（西元 1832 年）由南平知縣調署，同年十月初一因張丙案死之。後句之「邵太爺」，亦同指邵用之。

就吊衙役未查伊

按：「吊」：即調也。

「役」：即役也。

朱太爷一時有主意

按：「朱太爷」：指南投縣丞朱懋。朱懋，浙江紹興府會稽人。道光八年

（西元 1828 年）任南投縣丞。十二年九月，聞嘉義知縣邵用之被張
丙等所圍困，懋急往援，身先士卒，沒於陣。

叀起義民卜力伊

按：「叀」：點之俗字。

「義民」：在發生分類械鬥時，清政府除採藍鼎元所倡之保甲團練制
外，如閩人作亂，則招集粵人為義民（反之亦然），利用兩者對立情
感，鎮壓叛變。藉名義為「義民」，往往是為了私鬥，而「其名為義
民，實比賊甚」的情形，亦曾發生。

「卜力伊」：想要抓他們。

殺死一半归陰司

按：「殺」：殺之俗字。

「归」：歸之俗字。
《宋元以來俗字譜》：歸，《通俗小說》作归。

「陰」：與陰同。《玉篇》：陰，今作陰。
「陰司」：閻羅殿也。

剐心剜肉痛半死

按：「剐」：《玉篇》：剔肉置骨也。此處作「挖」解。

「剜」：《集韻》：削也。

整起民壮来救伊

按：「壮」：壯之俗字。《正字通》壯，省作壮。

「救伊」：指救南投縣丞朱懋也。

报馬一時飛未到

按：「报」：報之俗字。
《宋元以來俗字譜》：報，《列女傳》、《通俗小說》、《古今雜劇》等均
作报。
「报馬」：探子也。

报淂太爷得知机

按：「淂」：乃得之誤字。淂：水皃，的則切。

「机」：機之簡體。

新旧二官屍已死

按：「旧」：舊之俗字。

《宋元以來俗字譜》：舊，《金瓶梅》作旧。

「新旧二官」：指嘉義知縣邵用之及南投縣丞朱懋二人。

「屍已死」：當作「身已死」。

加義無県障行宜

按：「県」：縣之俗字。此縣為知縣之簡稱。

《宋元以來俗字譜》：縣，《通俗小說》作県。

「障」：阻礙也。

「加義無県障行宜」：如今嘉義已無知縣，可來阻礙張丙等人的行事
了。

呂府一時有主意

按：「呂府」：指臺灣府知府呂志恒。呂志恒，江蘇陽湖人。由監生捐縣
丞，發福建。道光十一年（西元 1831 年），累擢至臺灣府知府。十
二年，張丙之役時，因寡不敵眾，戰死於嘉義之大排竹。

連夜赶到店仔口

按：「赶」：追也，與趕同。《正字通》：赶，追逐也，今作趕。

坐簥鑼牌印連起

按：「簥」：通轎，轎子也。

「起」：起之俗字。

《宋元以來俗字譜》：起，《通俗小說》作起，即起也。

「坐簥鑼牌印連起」：意指張丙既殺知府呂志恒等，志得意滿，遂僭
立儀仗，濫用官印。

即差詹通未攻城

按：此指張丙就派詹通往攻鹽水城也。

礼在西門城墙迲

按：「礼」：為「札」之誤，即駐紮也。

「墙」：即牆也。墙為牆之俗字。《廣韻》：墙，俗牆。

「迲」：邊之俗字。

《宋元以來俗字譜》：邊，《嶺南逸事》作迲。

蘇半城查厶未進影

按：「蘇」：蘇之俗字。

《宋元以來俗字譜》：蘇，《列女傳》、《古今雜劇》、《太平樂府》等均作蘇。

「蘇半城」：其人不可考。

「厶」：某也。《釋文》：厶，本作某。

「查厶」：女子也。女子有氏而無名，故曰某，猶曰某人之女某氏、某氏之妻某氏。查某者，猶言此女也。重在某字。

「未進影」：意義不明。或為「未見影」（不見人影）之誤。

查厶顧我未闲封

按：「顧我」：給我也。

「闲封」：猶今俗語之「開苞」，此處不單指處女而言，乃泛稱婦女。

「查厶顧我未闲封」：意謂鹽水城的婦女飽受淫虐。

張炳大哥自思量

按：「哥」：哥之俗字。為親敬之辭。

《宋元以來俗字譜》：哥，《古今雜劇》等均作哥。

点起賊馬到塩水

按：「塩」：鹽之俗字。《正字通》：鹽，俗省作塩。

得了一位大龍砲

按:「一位」:一尊也。清時對大砲所使用的量詞為「位」。由《明清史料戊編》第二本之〈福建陸路提督馬濟勝奏續獲勝仗生擒股首摺〉中,可得明證。該奏摺云:「……又據弁兵義民獲大砲二位、槍械百餘件……。」

據《清宣宗實錄》等書的記錄:當詹通等人攻破鹽水港後,擄獲缺口大砲一尊——即歌中所謂的「一位大龍砲」;後張丙攻打嘉義縣城時,令黃番婆將砲由鹽水運至嘉義城下,然不會施放,乃強迫所擄之清兵發之,兵故意高放其砲,砲彈高飛不及城,連發十餘砲皆然,城中疑有神護,張丙亦自疑也。

大砲一放轟天响

按:「响」:響之俗字。

刘鎮听說整軍馬

按:「刘鎮」:指臺灣總兵劉廷斌。劉廷斌,四川溫江人,道光七年(西元 1827 年)任臺灣鎮掛印總兵,十二年陞任廣東提督,以張丙亂事離職,後被議。

殺的数陣退入城

按:「数」:數之簡字。
《宋元以來俗字譜》:數,《金瓶梅》作数。

守的加義是功勞

按:清道光十二年十月初三,張丙率衆圍攻嘉義縣城,劉鎮(劉廷斌)北巡在途,聞警馳援,卻因勢孤莫敵,退守嘉義城中,然能堅守嘉義縣城,亦是功勞一椿。

温陵一品未助戰

按:「品」:品之俗字。
《宋元以來俗字譜》:品,《古今雜劇》作品。
「温陵一品」:指何人,不詳。

「戢」：即戰也。

城上尽是女英靈

按：「尽」：盡之俗字。《正字通》：尽，俗盡字。

「靈」：與靈同。《集韻》：靈，或从巫。

「城上尽是女英靈」：《清宣宗實錄》云：「道光十三年春正月初五日，（劉廷斌奏稱：）該逆每至城濠，見城上竟有紅面及婦女持刀拋石，近城匪賊一見生畏。」

請出沙連九尨庄

按：「尨」：即龍也。《說文通訓定聲》：龍，叚借爲尨。

先打斗六可便宜

按：「便宜」：方便容易也。《漢書・溝洫志》：「……是時方事匈奴，興功利，言便宜者，甚衆。」

黃城招集張洪知

按：「張洪」：當是斗六門街富戶監生張紅頭（張彩五）也。

馬步衢实是不知智

按：「馬步衢」：署斗六門營守備。清道光十二年，張丙餘黨團攻斗六門城。步衢築圍濬濠，與縣丞方振聲協力抵禦。後圍破，持刀巷戰，力竭而亡。

「实」：實之簡字。

「馬步衢实是不知智」：指馬步衢與張紅頭生隙後，仍信賴倚重張所募之衆（即歌中所謂的義民），卻似養虎貽患，終因張紅頭設計導引，加上其衆內應，遂使黃城攻入營盤，讓馬步衢丟了性命，故云其「不知智」也。

請出南路許成兄

按：「許成」：臺灣鳳山縣人，張丙舉事後，於南路響應。豎旗於觀音山，亦號天運，封吳歐先爲軍師，柯神庇爲先鋒。

<u>白良柯神庇名字</u>

按：「柯神庇」：許成之軍師，《臺灣通史》作「柯紳庇」，《南部臺灣志》
作「柯庇」，均誤。

相共攻城得城池
<u>开国</u>功臣有名字

按：「国」：國之俗字。《正字通》：国，俗國字。

此兩句之意為：許成等人相約攻城（即攻阿公店──今高雄縣岡山
鎮），若能攻下城池，則大夥均成開國功臣，史籍上將可留名。

圍困脫<u>迯</u>被賊追

按：「迯」：逃之俗字。《正字通》：迯，俗逃字。

曾門軍馬死一半

按：謂清軍逃至曾門之地時，兵馬死傷殆半。曾門疑為曾文之誤，蓋指
曾文溪也。

<u>大老</u>一時無思量
一條性命归陰司

按：澎湖大老或指澎湖協標左營署部司蔡長青，其在道光十二年十月十
九日，在曾文溪被張丙所擊斃。

安平<u>大人</u>有主意

按：「安平大人」：指福建陸路提督馬濟勝。馬濟勝，山東荷澤人。以武
生入伍，從剿川、陝教匪；積功，累擢江蘇撫標參將。嘉慶十八年
（西元 1813 年），會剿山東教匪，擢河北鎮總兵。道光初，擢浙江
提督，調福建陸路提督。道光十二年，張丙等舉事，臺灣鎮總兵劉
廷斌困守孤城；濟勝率兵二千渡海援助，終得解困平亂。後句之「馬
大人」亦同指馬濟勝。

追至城下救<u>刘鎮</u>

按：道光十二年十一月二十八日，馬提督整旅進嘉義城，總兵劉廷斌迎
之。

平道一時商議智

按:「平道」:指臺灣兵備道平慶。平慶,滿洲鑲藍旗人,為翻譯舉人。
道光十年,任臺灣兵備道;十三年,因張丙舉事時,有虧職守,故
被革職,後因官聲尚好,以六部主事任用。

寫出表文奉圣旨

按:「寫」即寫也。「圣」為聖之俗字。
當臺灣鎮總兵劉廷斌被張丙等人圍困之際,臺灣兵備道平慶曾以臺
灣亂狀入奏。

調搬三馬去平台

按:「搬」:俗撥字。
《宋元以來俗字譜》:撥,《金瓶梅》等作搬。
「台」:為臺之簡字。

「調搬三馬去平台」:清宣宗接獲平慶之奏摺後,即命巡撫魏元烺檄
調三路人馬前往臺灣弭平動亂;三路人馬分別是:(一)福建陸路提
督馬濟勝率兵二千名渡廈門,(二)金門鎮總兵竇振彪率兵一千三百
名渡蚶江,(三)副將謝朝恩率兵一千二百名渡五虎。

直徃下門配船企

按:「徃」:往也。

「下門」:即福建之廈門也。

「企」:去也。

順風順水駛鹿耳

按:道光十二年十一月初一,福建陸路提督馬濟勝將兵二千,乘十三舟
,連綜抵鹿耳門。

登岸府城去看伊

按:馬濟勝抵臺登岸後,在道光十二年十一月初三,移駐府城(臺南)
北門外較場。「去看伊」之「伊」,指府城內之軍民也。

義民軍兵面失色

按：「面失色」：指面無人色，形容驚駭之甚也。

直攻西港斬添福

按：「添福」：人名，爲張丙轄下之旗首。真

蔡恭賊夥真不是

按：「真」：爲真之誤字。真，眞之俗字。《正字通》：真，俗眞字。

艷雲小旦排計智

按：「艷」：即艷也。

「小旦」：藝旦也。指有彈唱之藝的妓女。

「排計智」：籌謀定計也。「計智」：計策也。

一位呵玉肯印緩

按：「呵」：通「號」，叫也。

「肯」：背也。

「印緩」：當爲「印綬」也。由上下句的押韻，可證應作「綬」，而非「緩」；此可能是刻工的疏失，或傳抄時失誤所致。上句句尾押智〔ti²〕字，下句句末押旗〔cki〕字，與綬〔siu²〕正以主要元音〔i〕通押。而緩音〔huan²〕，則無法與智旗二字相押。「印綬」者，印之組綬也。

一位呵月背尨旗

按：「尨」：雜色也。《左傳·閔二年》：「衣之尨服」。
「尨旗」：雜色旗也。

軍師欲沂調賊馬

按：「軍師欲沂」當爲《清宣宗實錄》中所提到的林洛沂，其爲張丙之軍師。

敗陣未營審問伊

按：「營」：即營也。

過去未耒尒総知

    按：「尒」：與尒同。《集韻》：尒，亦書作尒。尒，又作爾。

            《玉篇》：尒，亦作爾。爾：汝也。

今日生死如何筭

    按：「筭」：或作算。《集韻》：筭，或作算。

賊馬驚惶当不起

    按：「当」：當之簡字。

大哥若要唐山錢

    按：「唐山」：謂中國也。臺灣多閩粵人，渡海而來，以殖斯土，見初至者稱為唐山客。東南夷之稱中國為唐，猶西北胡之稱漢也。（可參見連橫《臺灣語典》）

馬大人唐山運銀米

    按：此實為福建陸路提督馬濟勝為了來臺後，能以袋盛土，結壘為營，而在廈門預購了數千個麻布米袋運來臺灣之訛傳。但因該項傳言，確實增長了丙衆不少聲勢。

若得銀米見太平

    按：當時股衆間盛傳馬濟勝營中有銀二十萬，故謂：如今如果能得官軍銀米，則抗清起義的大事可成，天下終歸太平也。

小刀竹透相隨侍

    按：「竹透」：竹簡也。其利者，如刀。

        此指股衆攜帶工具，欲前去盜取官兵之銀錢米糧。

戰書十八午時刻

    按：「戰書十八」：十八戰書也。形容戰況激烈緊急。

        「午時」：時辰名，自上午十一點到下午一點。此處形容時間短暫也。

戰敗屢次無体面

    按：「屢」：屢之俗字。

《宋元以來俗字譜》：屢，《通俗小說》作屢。

「体」：體俗字也。《正字通》：体，从本，俗書。

「体面」：面子也。

姦淫塩水人婦女

按：「淫」：淫之譌字。《字鑑》：淫，淫譌字。

賊夥個二出気伊

按：「個二」：為「個〻」之誤，即「個個」也。

「気」：氣之俗字。

《宋元以來俗字譜》：氣，《古今雜劇》作気。

姿浪罵的賊小子

按：「浪」：即娘。

「姿浪」：頗具姿色的姑娘。

酗撻凮流無久長

按：「酗撻」：即迣迣，玩弄也。

脚帛截布撤吐伊
撤吐恁厶做身迻

按：「脚帛」：裹脚布也。

「恁」：爾等也。

「迻」：邊也。

此二句意為：原先股眾截取裹脚布條，緊塞那些被虜來女子之口，防止她們謾罵；後即鬆綁拿出布條，讓肯屈從的女子留在身旁。

猪肉米飯泮半天

按：「猪」：豬之俗字。《正字通》：猪，豬俗字。

「泮」：拌也。調和之謂也。

「猪肉米飯泮半天」：謂調理出盛饌也。

安溪寮一時有思量

　　按：「安溪寮」：地名，擒獲股首詹通之處。此指該地之主事者。

办棹就請<u>詹通</u>兄

　　按：「办」：辦之俗字。

　　　　《宋元以來俗字譜》：辦，《通俗小說》作办。

　　　　「棹」：今作桌。

　　　　「办棹」：大張筵席也。

灌酒醉ㄟ梱縛伊

　　按：「梱」：為捆之譌字。「縛」：乃縛之譌字。二字均因形近而誤。「梱縛」：
　　　　即「捆縛」，綑綁也。

觧功叫賞上下庄

　　按：「觧」：解之俗字。《俗書正誤》：解，从刀牛，俗从羊作觧，非。「觧」
　　　　者，捕捉也。

　　　　此句之意為：安溪寮地方之主事者，定下計策，欲擒殺詹通及其屬
　　　　下，遂布令於前後庄，懸賞徵募敢於挺身誘賊者。

<u>王大老</u>頭功未觧伊

　　按：「王大老」：指護理府事王衍賡。

　　　　王大老自願請領頭功，出面計擒詹通等人。

<u>詹通</u>黃掛稱先鋒

　　按：「黃掛」：即黃褂也。

　　　　「稱」：即稱之俗字。

　　　　「鋒」：鋒之俗字。《正字通》：鋒，俗作鋒。

張<u>睾</u>人一時有計智

　　按：「張睾人」：張舉人也。

　　　　「睾」：即舉；睾，舉之俗字。《篇海》：睾，與舉同，俗字。

<u>張炳</u> <u>詹通</u>并<u>陳連</u>

鮮京臠肉慢凌遲
陳辦割肉分身屍

按：此三句之意爲：陳、張舉事敗後，張丙、詹通、陳連、陳辦，並稱
四大股首，故同被解送至京，於道光十三年（西元 1833 年）六月二
十六日伏法；其等死前，倍受酷問折磨，痛苦萬分，當可想見。

劝恁世上忍一時

按：「劝」：勸之俗字。

《宋元以來俗字譜》：勸，《通俗小說》作劝。

做歌者勸告世間之人必得忍下一時之氣。

不通思量只謀意

按：「不通」：不可也。

「只」：這也。

〈臺灣陳辦歌〉的作者，勸大家千萬不可妄生謀亂之意。

八月間內回榜止

按：陳辦、張丙於道光十二年閏九月起事，至其等於道光十三年六月被
解京伏法榜告臺灣止，前後約八個多月。

骨肉慢ㄋ痛半死

按：此當指張丙之子張垂，亦同遭解京並受閹割酷刑之事。

第五章 〈臺灣陳辦歌〉之探究

第一節 作者

〈臺灣陳辦歌〉是一首來目民間的歌謠，原作者爲何人，已不可考，然就其辭語用字、結構章法看來，應是一位民間詩人。

雖然原作者並無淵博的學識，超凡卓越的見解，但他以市井小民的眼光，加上一些傳聞軼事，架構出具有民族意識的歌謠，殊爲可貴。因爲一般歌謠多詠男女情愛、四時風物，或民間疾苦、周遭瑣事，但〈臺灣陳辦歌〉的作者，卻甘冒清廷的忌諱，以一樁官方視爲變亂的事件，詳加鋪敘，並若隱若現地表露出他對陳辦、張丙事件的看法。

在歌中，對鹽水地區被股衆侵擾的情形，有較多的記述及描寫，或許作者與鹽水有著地緣關係也未可知。

第二節 歌謠名稱

清道光十二年（西元 1832 年）陳辦、張丙的舉事，雖然兩人各是一方之首，但實際控制全局，號令諸衆的，乃是張丙，在清官方文書記載中，亦以張丙爲此一事變之首要人物，然而〈臺灣陳辦歌〉的作者，卻以次角「陳辦」作爲歌謠之名稱。整首歌僅以陳辦事起爲引子，加以終結時，提及張丙、陳辦諸人的下場外，歌中都是以張丙及其屬下的活動爲主；因此本人設想，作者或許爲減輕清廷對此歌的注意，遂以較不爲人熟知卻是發難者之一的「陳辦」，來作爲歌謠之名。

第三節　作者立場及歌謠主旨

　　〈臺灣陳辦歌〉是一首敘述變亂的歌謠，作者所居的立場非常微妙，既非以官方角，盡視陳辦、張丙等人爲叛亂逆賊，也不是偏袒陳、張諸人，將其等捧爲發動民族革命的大英雄。在〈臺灣陳辦歌〉內，作者多稱陳、張的人馬爲「賊馬」、「賊兵」、「賊仔」、「賊小子」、「賊夥伴」，但於歌末，他也稱他們「個個英雄」，似乎作者的立場，前後矛盾，含混未定。

　　事實上，我們可以想見，在清廷嚴厲控制下，對此類敏感事件發表意見，是相當冒險的舉動，如果處理不好，可能就會遭致殺身之禍。因此原係市井小民的作者，爲了自保，必要做某種程度的掩飾，然後再行抒發，不似別類歌謠，可以唱得淋漓盡致，盡情表達。

　　所以整首歌謠中，作者多半採取置身事外的第三者立場，平舖直敘地述說整個事件的起因、經過與結果，只在歌末現身，說了兩句勸世的話──「勸恁世上忍一時，不通思量只謀意」。乍聽之下，彷彿是在勸人不可滋生謀亂之心，否則將遭受「攣肉凌遲」之苦，「割肉分屍」之刑。但細細品味後，發現「忍一時」是個關鍵詞，試想作者眞正的用意，在勸告那些不滿清廷官僚欺壓的措施，而思揭竿起義者，切莫徒靠一時血氣之勇，倉卒行事，要不然白白遭受凌辱，犧牲寶貴的生命，卻於事無補，起不了什麼作用；應該忍下一時之氣，縝密籌畫，伺機行事，絕不可輕舉妄動，如此或可獲得成功的機會。

　　縱觀清人治臺的歷史，有關各地舉以「反清復明」、「倒滿興漢」的革命事件，時有所聞，然大半皆無遠大的計劃，僅基於義憤而起的烏合之衆，總在短時間內，被清兵鎮壓得無影無蹤，犧牲累累，且每次均如以卵擊石，毫無具體成效，徒添冤魂而已。因此〈臺灣陳辦歌〉的作者有鑑於斯，故云：「勸恁世上忍一時，不通思量只謀意。」欲點醒世間人，當謹愼從事。

　　〈臺灣陳辦歌〉的作者，雖曾誇嘉義知縣邵用之是個忠義賢良的好官──「邵太爺眞正是賢」、「請賊來殺伊忠義」，卻又藉由張丙的角度，來對其餘的「貪官污吏」，痛加責難，彷彿那些「奸貪狗官」，活該遭受「剮心剮肉痛半死」的處罰──「朱太爺一時無主意，張炳就來審問伊。貪官污吏正名字，若還不寫大旗字，叫出刀手來砍伊，寫出復漢滅滿字。奸貪狗官無道理，剮心剮肉痛半死，一條性命歸陰司。」由後幾句用字的傾向，顯見作者對陳辦、張丙諸人，也頗表同情。

若非如此，則〈陳辦歌〉的作者大可猛力批評陳、張之錯謬不是，而讚清官之賢能，清兵之英勇，不必費力遮掩眞情了。

本人以爲，〈臺灣陳辦歌〉的作者，對陳、張舉事的大前提——「復漢滅滿」的思想，極爲贊許，但對他們起事後的一些舉動、行事，卻無法苟同。

第四節　與史相異之處

〈臺灣陳辦歌〉是一首記敘史實的敘事歌謠，其內容均與史籍（包括《內自訟齋文集》、《臺灣通史》、方志等等）之記載相呼應，在前一章注釋中，已一一引證史料，加以對證。

然歌之內容，亦有與史籍記載相左者，茲列舉如下，作爲比較：

一

〈陳辦歌〉：「朱太爺一時無主意，張炳就來審問伊。貪官污吏正名字，若還不寫大旗字，叫出刀手來砍伊，寫出復漢滅滿字。奸貪狗官無道理，剜心剜肉痛半死，一條性命歸陰司。邵太爺眞正是賢，整起民壯來救伊，賊馬興旺救不起，請賊來殺伊忠義。報馬一時飛來到，報得太爺得知機，新舊二官屍已死，加義無縣障行宜。呂府一時有主意，點起民壯及軍馬，連夜趕到店仔口，賊馬追趕迫半死。民壯軍馬死一半，呂府一命歸陰司。」

據〈陳辦歌〉的記載：南投縣丞朱懋先被張丙剜心剜肉殺死，而後嘉義知縣邵用之整頓民間壯丁義勇前往援救，卻因賊衆勢盛，也同遭戕害；而臺灣知府呂志恒由報馬處得訊，乃連夜點起壯丁及兵馬趕赴馳援，然於店仔口亦一命鳴呼，魂歸陰司。

《內自訟齋文集》與《臺灣通史》等史籍的記載則是：道光十二年十月初一，嘉義知縣邵用之在店仔口被張丙所執，撻辱後予以分屍。初二日，臺灣知府呂志恒聞用之被困，乃率鄉勇兩百，偕軍隊往援；南投縣丞朱懋亦從之。後二人在大排竹同時被戮。

二

〈陳辦歌〉：「黃城打入營盤去，力得馬總燙半死，一條性命歸陰司。」

據〈陳辦歌〉的記載：當股首黃城攻入斗六門營盤之際，抓到了署斗六門營守備馬步衢，並將其焚死。

《清宣宗實錄》、《內自訟齋文集》等史料的記載則是：斗六門營守備馬步衢見黃城等攻入了營盤，自思不敵，欲引火自焚，然不死被執，後不屈而亡。

三

〈陳辦歌〉：「招集十二賊夥伴，札在竹仔宿竹邊，官兵追趕無主意，豬肉米飯泮羊夭，賊仔大半歸陰司。安溪寮一時有思量，辦棹就請詹通兄，灌酒醉醉綑縛伊，解功叫賞上下庄。王大老頭功來解伊，詹通黃掛稱先鋒，賜的酒肉醉半死。」

關於詹通被捕的情況，根據當時受命平亂朝臣的奏摺，及《清宣宗實錄》，《內自訟齋文集》等史料的記載是：道光十二年十一月二十二日福建陸路提督馬濟勝大破張丙股眾後，追過鐵線橋，遙見股眾數人簇擁著身穿黃馬褂之股首詹通，在前奔逃；經署同安營參將玉明帶領弁兵數十名縱馬急追，至安溪寮時，詹通諸人被該莊武生林騰瑞率領子弟鄉眾二十餘人所截獲。

而〈陳辦歌〉的作者對此，卻描寫成：官軍追趕詹通無著，遂設計誘捕，由王大老出面，擺下了鴻門宴，在席上是佳肴美釀，但可能已預下毒藥，所以股眾食畢，大半歸了陰司；然清兵欲生擒股首詹通，故頻頻勸酒，將詹灌醉後，予以綑縛擒獲。

前兩則史料與歌謠有出入的地方，都涉及了清朝地方官的殉職情形，因此宜以清朝當時的聖諭奏摺及《內自訟齋文集》等史籍為準；至於第三則，或因作者聽信不實的傳言，造成歌謠與史實的差距，否則就是清朝官吏為塑造清軍驍勇善戰的形象，故意隱瞞事實，改寫真象。

第五節　史籍無載之處

〈臺灣陳辦歌〉是一首流傳於臺灣民間的歌謠，因此歌謠中包含了史籍所無的資料，也有以訛傳訛，將民間傳聞附會，撰入歌詞中，但這些資料實可補史料之不足。

一

〈陳辦歌〉：「漳泉人人受著驚，一時受氣沖天起。招集人馬攻客庄，**双溪客仔**驚惶惶，請出總理來主意，整頓器械力妻兒，陳辦伊母受迫辱，伊妻客庄慢凌遲。」

在前述史籍中，對此僅說漳泉閩人與双溪客人發生衝突以後，双溪口莊粵人張阿凜率衆焚燒陳辦屋室，並誤牽他人牛隻作抵，並沒有客人擄去陳辦之妻母，加以凌遲迫辱的記錄。不過周凱《內自訟齋文集》，連橫《臺灣通史》等書均云：「陳辦之約張丙也，無戕官意，至是，其妻自經死。張丙乃編約所交游，僞稱開國大元帥，年號天運，以戕殺穢官爲名。」

由二者互相配合看來，當是陳辦之妻被客人抓去後，陳妻不堪凌辱，遂自經而亡。陳辦因受此事刺激，遂促使其積極抗清，戕殺官吏。

二

〈陳辦歌〉：「張炳一時有主意，請出吳三江商議，若還謀亂只事志，須著陳水來幫伊。泥鰍無水不成龍，封了三江做軍師。」

在清聖諭、奏摺及《內自訟齋文集》等史料記載中，張丙的部衆並無吳三江、陳水二人之名，尤其是歌中還指出張丙曾封吳三江做軍師（史籍上云：張丙封柯亭爲軍師），顯見吳三江在股衆中，尚頗具地位與重要性，並非無名小卒；或許吳三江是吳鰍、吳扁或吳猫等吳姓股首之一的別號。否則，史料文籍上漏列吳三江姓名，就是一個疏失。

三

〈陳辦歌〉：「諸羅太爺聞反意，就吊衙役來查伊。張炳用銀賣足伊，回覆並無只事志。」

嘉義知縣邵用之聽說人民有造反的意圖，就派遣衙役前往調查，張丙賄賂他們，遂使衙役昧著良知，向知縣稟報彼等並無謀亂之事。這一段小插曲，在前述史籍中並無記載，但據常理推斷，此類事極有可能發生，或許正因如此，使得清軍失掉了制敵先機，而讓張丙等人有了坐大的機會，終致一發不可收拾。

四

〈陳辦歌〉：「朱太爺一時無主意，張炳就來審問伊。貪官污吏正名字，若還不寫大旗字，叫出刀手來砍伊，寫出復漢滅滿字。奸貪狗官無道理，剮心剮肉痛半死，一條性命歸陰司。」

〈陳辦歌〉說到，南投縣丞朱懋被張丙抓到後，張丙不但詳加審問，並命令他寫出「復漢滅滿」的旗幟來。按此原因有二：一是其時起事諸人，皆為草莽匹夫，縱有能識文字者，書法亦不堪入目，故脅迫朱太爺為其等，代書起事大蠢之文字，用以號召股眾。再者，強迫朱懋寫出「復漢滅滿」的口號，象徵清朝地方官也在「曉以大義」後，贊同此事，支持此事，藉由清官親書之旗幟，更可吸取游離分子的加入，以擴大他們的聲勢。

五

〈陳辦歌〉：「張炳一時思量智，坐轎鑼牌印連起，斬殺自由由在伊。即差詹通來攻城，札在西門城墻邊，百姓家內著大驚，蘇半城查某來進影。詹通一時有主意，二千錢銀來賣命，查某顧我來開封，將銀來送賊兵餉。」

又：「詹通一時思量智，戰書十八午時刻，戰敗慶次無體面，姦淫鹽水人婦女。賊夥個個出氣伊，姿娘罵的賊小子，酗撻風流無久長。」

在這兩段〈陳辦歌〉裏，我們可以想見張丙稱帥建號後，躊躇滿志、意氣風發之態，轎子、行儀、帥印，無一或缺；張丙在命令其屬下股首詹通率眾攻打鹽水城，牽扯出人民以銀錢買命的苦況，及股眾戰敗後，蹂躪鹽水城婦女以洩憤的情形。

六

〈陳辦歌〉：「安平大人有主意，排兵佈陣慢慢追，追至城下救劉鎮。賊馬暗埋文昌祠，橫腰斬殺不由伊，單力匹馬扶國主，可憐性命歸陰司。」

當福建陸路提督馬濟勝（即安平大人），在道光十二年十一月初一，由鹿耳門登陸臺灣後，就以步步為營的策略，慢慢兒逼近嘉義縣城，終在廿六日進了嘉義城，解了臺灣鎮總兵劉廷斌之困。然而被埋伏於文昌祠的股眾，橫腰斬殺欲單刀匹馬扶國主者，到底為何人，已不可考，此乃史籍無載，聊供參考之軼事。

七

〈陳辦歌〉:「艷雲小旦排計智,二位呵主背印綬,二位呵月背尨旗。」

從這段〈陳辦歌〉,我們可以看出民間傳聞的濃厚色彩,在陳、張股眾與清軍對峙中,居然有艷如彩雲的藝旦介於其間,安排策畫,但作者並未確切說明,她們「背印綬」、「背尨旗」作用何在?這些藝旦到底為那方運智効力?不過在整首充滿殺伐氣氛的歌謠裏,添加幾句有關藝旦的情節,可吸取聽者的注意力,引發聽歌者對此歌謠的興趣。事實上,才智美貌兼具的藝人,為國或為革命志士出力的實例,也是在中國歷史上所常見的。

第六章　〈臺灣陳辦歌〉之文學形式及用韻情況

　　一首民間歌謠的產生，應是「緣事而發，感於哀樂」，隨興而生，與文人雅士之刻意創作，在文化層次上顯有差異；民間歌謠多出自市井小民之口，他們蘊蓄心中的情感，藉言語節奏，吟成一首歌謠時，因教育程度的關係，往往不曾考慮到歌謠的句式和結構、如何遣詞用字、及採用何種表現手法與韻律形式等問題，他們大都只憑直覺的表達，真情的流露，用活潑的語言，琅琅數語，合於自然天籟。所以絕大部分的民間歌謠，在各方面均呈現了較為樸拙的特色，除非在寫定時，經過文人的潤色，始有被修飾的痕跡。

　　朱介凡先生在〈中國歌謠的風貌〉一文中說：「一首歌謠的產生，那隨口歌唱的歌手，他自不會考慮到以下所要討論的問題，句子、結構、比興、聲韻等等，當然，他得大致有個依循，把握到歌謠的意興韻律，一首歌謠始能琅琅上口，富有感染力量，讓人家聽了，立即引起共同情趣而傳述下來。」

　　這首清道光年間流傳下來的〈臺灣陳辦歌〉，極合乎民間通俗歌謠的各種特色，拙樸渾健，像一塊璞玉，有其清音。今將〈陳辦歌〉之結構、遣詞及字體、表現手法、用韻及平仄等，分成四小節加以說明。

第一節　結構

一、字數

臺灣閩南歌謠每句的字數，大體可以分為兩類：

1. 七字仔：即每句限定七字。

2. 雜唸仔：每句字數不定，大致至少三字，至少亦不超過十二字。

換言之：凡「七字仔」以外的一切長短句歌謠，均屬「雜唸仔」類。前者多用於情歌及故事歌謠，淵源於七言詩；後者多用於敘事歌謠及童謠，淵源於雜言詩。

〈臺灣陳辦歌〉即屬「七字仔」類，全首皆為七字，僅有九句衍為八言。如：（1）正是加義崙仔人氏、（2）朱太爺一時有主意、（3）朱太爺一時無主意、（4）蘇半城查某來進影、（5）馬步衢實是不知智、（6）馬大人唐山運銀米、（7）安溪寮一時有思量、（8）王大老頭功來解伊、（9）張舉人一時有計智，這九句皆因句中涉及人名（如朱太爺、蘇半城、馬步衢馬大人、王大老、張舉人等）、地名（如加義崙仔、安溪寮），僅七言無法表足文義，故不得不多出一字，然對整首歌謠的體製，卻沒絲毫影響。

七言是我國唐宋以來，各地歌謠採用最為普遍的句式，尤其臺灣歌謠更見盛行。除提及人名、地名，不得不增添原來字數的情形外，也有為變化唱腔曲勢，或作為引子、過門、及結束之強調，而加上一些散聲虛字。例如宜蘭調〈丟丟銅仔〉中的「依嘟啊嗎依丟，哎唷」、「依嘟丟丟銅仔，依嘟啊末依嘟丟仔依嘟」；恒春調〈思想起〉中的「思啊思想起」、「啊依嘟哎唷喂」等均是，為在歌唱時，增加地方歌謠的色彩，以及加強歌謠中的音節、節奏，所增添的散聲。

二、句數

臺灣歌謠每首的句數，在「七字仔」中限定四句，頗似近體詩中的七言絕句；至於長篇的敘事歌謠，乃是「七字仔」的反覆重疊，每首仍是四句，唯首數多寡不定，最少的如〈五更鼓調〉只有五首（即二十句），最多的如〈三伯英臺〉幾達五千首（一共一萬九千三百餘句）。而「雜唸仔」每首句數多少不定，至少兩句，至多亦不超過五十句。

〈臺灣陳辦歌〉係「七字仔」類，共一百八十九句。大體仍依例以四句爲一小節，反覆吟誦，然亦略有參差處，此即民間歌謠只求順暢達意，往往不顧形式，而求新求變的表現。

三、段落

今將〈陳辦歌〉的段落，用正字解析於後，以見其章法：

1. 聽唱新編一歌詩：正是嘉義崙仔人氏，
   一位姓陳名辦兄，平生風流結朋友。

2. 粵莊牽伊個牛牯，莊老叫著牛還伊；
   客仔就請吃牛肉，若卜活牛再出世。

3. 老天一時有主意，回家問著陳辦兄，
   漳泉人人受著驚，一時受氣沖起天。

4. 招集人馬攻客莊，雙溪客仔驚惶惶，
   請出總理來主意，整頓器械力妻兒，
   陳辦伊母受迫辱，伊妻客莊慢凌遲。

5. 屢次攻莊莊不入，客仔守莊修竹圍。
   陳辦一時無計智，挪帖請出張炳兄。

6. 詹通黃城井黃奉，劉港劉仲與蔡恭，
   陳連江七連候虎，番婆劉邦鼎歐綜；
   咬指插血盟兄弟，若得諸羅做帝都。

7. 張炳一時有主意，請出吳三江商議，
   若還謀亂只事志，須著陳水來幫伊。

8. 泥鰍無水不成龍，封了三江做軍師。
   諸羅太爺聞反意，就吊衙役來查伊。

9. 張炳用銀買足伊，回覆並無只事志。
   朱太爺一時有主意，點起義民卜力伊。

10. 義民一時到伊莊，殺死一半歸陰司。
    朱太爺一時無主意，張炳就來審問伊。

11. 貪官污吏正名字，若還不寫大旗字，

叫出刀手來砍伊，寫出復漢滅滿字。

12. 奸貪狗官無道理，剮心剁肉痛半死。
一條性命歸陰司。

13. 邵太爺真正是賢，整起民壯來救伊，
賊馬興旺救不起，請賊來殺伊忠義。

14. 報馬一時飛來到，報得太爺得知機，
新舊二官屍已死，嘉義無縣障行宜。

15. 呂府一時有主意，點起民壯及軍馬，
連夜趕到店仔口，賊馬追趕迫半死。

16. 民壯軍馬死一半，呂府一命歸陰司。
張炳一時思量智，坐轎鑼牌印連起，
斬殺自由由在伊。

17. 即差詹通來攻城，札在西門城牆邊，
百姓家內著大驚，蘇半城查某來進影。

18. 詹通一時有主意，一千錢銀來買命，
查某顧我來開封，將銀來送賊兵餉。

19. 張炳大哥自思量，點起賊馬到鹽水，
得了一位大龍砲，六七十八扛進城。

20. 大砲一放轟天響，砲子一粒八九斤，
墜落北城倒一角，百姓哀怨哭連天。

21. 劉鎮聽說整軍馬，殺的數陣退入城，
守的嘉義是功勞，溫陵一品來助戰。

22. 城上盡是女英靈，賊仔一時無計智，
連圍一月不下伊。

23. 張炳一時有主意，請出沙連九龍莊，
黃城黃奉兄弟知，先打斗六可便宜。

24. 黃城招集張洪知，若破斗六通義民，
義民先入營盤內，馬步衢實是不知智。

25. 真心用了義民伊，黃城打入營盤去，

力得馬總焚半死，一條性命歸陰司。

26. 張炳大哥思量智，請出南路許成兄，
白良柯神庇名字，相共攻成得城池，
開國功臣有名字。

27. 澎湖大老無計智，圍困脫逃被賊追，
曾門軍馬死一半，大老一時無思量，
一條性命歸陰司。

28. 安平大人有主意，排兵佈陣慢慢追，
追至城下救劉鎮。

29. 賊馬暗埋文昌祠，橫腰斬殺不由伊，
單刀匹馬扶國主，可憐性命歸陰司。

30. 平道一時商議智，寫出表文奉聖旨，
調撥三馬去平臺，直往下門配船企。

31. 順風順水駛鹿耳，登岸府城去看伊，
義民軍兵面失色，城垜點火暗守更。

32. 大隊操練的精熟，直攻西港斬添福；
拔營遇的劉仲哥，蔡恭賊夥真不是。

33. 艷雲小旦排計智，一位呵玉背印緩，
一位呵月背尨旗。

34. 軍師欲沂調賊馬，敗陣來營審問伊，
過去未來爾總知，今日生死如何算？
啞口無言歸陰司。

35. 劉仲一時思量智，整頓札營帳房起，
整起土垛鎮鎗子，連連敗的二三陣，
賊馬驚惶當不起。

36. 蔡恭劉仲有主意，飛報諸羅張炳知，
大哥若要唐山錢，馬大人唐山運銀米。

37. 若得銀米見太平，個個賊仔攜布袋，
小刀竹透相隨侍。

38. 詹通一時思量智，戰書十八午時刻，
    戰敗屢次無體面，姦淫鹽水人婦女。

39. 賊夥個二出氣伊，姿娘罵的賊小子，
    酕撻風流無久長，脚帛截布撤吐伊，
    撤吐恁某做身邊。

40. 招集十二賊夥伴，札在竹仔宿竹邊，
    官兵追趕無主意，豬肉米飯泮半天，
    賊仔大半歸陰司。

41. 安溪寮一時有思量，辦桌就請詹通兄，
    灌酒醉醉細縛伊，解功叫賞上下莊。

42. 王大老頭功來解伊，詹通黃掛稱先鋒，
    賜的酒肉醉半死。

43. 張舉人一時有計智，請的完兄來商議，
    力的張炳劉港兄。

44. 番婆坐轎畏人驚，斗六黃城不知死，
    張洪力伊來凌遲，黃奉江七并候虎。
    個個英雄殺半死。

45. 張炳詹通并陳連，解京臠肉慢凌遲，
    陳辦割肉分身屍。

46. 勸恁世上忍一時，不通思量只謀意；
    八月間內回榜止，骨肉慢慢痛半死。
    正是臺灣反意歌。

第二節　遣詞及字體

一、遣詞用字

　　〈臺灣陳辦歌〉是一首道地的臺灣民間歌謠，在作者遣詞用字上，充分表露無遺。茲分三項來加以說明：

1. 運用套語

歌謠中的「套語」,就是一個現成的句型,可供任何同類歌謠套入使用,或以起首,或為承接轉遞;而在同一首歌謠中,亦可重覆使用同一個套語。

〈陳辦歌〉作者慣用「某人一時×××」的套語,來連屬整首歌謠,如「陳辦一時無計智」、「張炳一時有主意」、「義民一時到伊庄」、「平道一時商議智」、「劉仲一時思量智」等均是,在全首歌謠一百八十九句中,此一套語共出現十八次,約佔全歌的十一分之一;而且此一「某人一時×××」的套語,約有四分之三是出現在每小段的起首,具有承先啟後的作用。

除前述套語外,〈陳辦歌〉的作者也喜歡在七字句中的第三字使用「一」,如:「殺死一半歸陰司」、「呂府一命歸陰司」、「大砲一放轟天響」、「砲子一粒八九斤」、「溫陵一品來助戰」、「連圍一月不下伊」等,產生套語迴環之效。

套語的使用,具有連屬性及節奏感,但若運用過於頻繁,則有缺乏變化之弊;不過,無論是利是弊,套語的使用卻是民間歌謠的特色之一。因套語的運用,需要從很多歌謠中,才能歸納出來。如常見的開端套語有:「太陽出來紅又紅」或「××開花×××」;而漢樂府的結束套語則為「棄置勿復道」。

2. 納入閩南語詞

〈臺灣陳辦歌〉內,包含甚多臺灣地名,顯見此歌為臺灣的歌謠,而且,更具特色的是,將閩南語詞寫入歌謠之中,如:「×仔」、「卜」、「伊」、「受氣」、「只事志」、「力」、「查某」、「恁」等均是。

連橫先生《雅言》云:「臺灣文學傳自中國,而語言則多沿漳泉,顧其中既多古義,又有古音、有正音、有變音、有轉音,昧音不察,以為臺灣語有音無字,此則淺薄之見耳。夫所謂有音無字者,或為轉接語、或為外來語,不過百分之一二耳。」

但在臺灣民間歌謠裏,因作者文化水準較為參差,遇有難寫或不確定該為何字的語詞,大都各憑主觀,或借字音或據字義,隨手寫下,因此使得歌謠中的詞語,極為紛亂。

3. 樸拙真率

單就純文學的角度來看,〈臺灣陳辦歌〉根本就是一篇嚴重缺乏文學旨味的作品,一點兒也談不上遣詞用字的技巧,但它卻有鄉土的拙樸氣息。

在整首〈陳辦歌〉裏,作者一貫以平鋪直敘的口吻,採用最普通、最直

接的口語，將全部事件的來龍去脈，逐次道出。整首歌謠，就似一個稍具常識的鄉下人，用日常話語，向你娓娓訴說一段往事。

因此〈陳辦歌〉的遣詞用字，往往一再反覆使用，缺少轉換替代的變化性與新鮮感。如「主意」一詞八見，「歸陰司」一詞六見，「思量智」一詞六見，而「計智」一詞也出現了四回。

雖說〈陳辦歌〉的詞語是如此率直單純，詞藻是那麼缺乏變化，但這也正是民間歌謠俚俗的特色所在。

二、字體特色

〈臺灣陳辦歌〉純粹是一首臺灣民間歌謠，由其字句詞語的運用，在在都顯示出地方民謠的特點來，而此歌之字體，也夾雜了許多俗字、簡字，甚至錯別字，更可見民間歌謠較缺修飾的特色。·

現依前節之段落編號，將〈陳辦歌〉中的俗字拈列於後：

2.	庄老呌着牛還伊	正字為：莊、叫、著、還。
3.	回家問着陳辦兄	正字為：著。
	一時受氣冲起天	正字為：沖、起。
4.	双溪客仔驚惶惶	正字為：雙。
	請出総理未主意	正字為：總、來。
	整頋器械力妻兒	正字為：頓、器、兒。
5.	屡次攻庄ˇ不入	正字為：屢。
6.	詹通黃城并黃奉	正字為：詹、黃。
	咬指挿血盟兄弟	正字為：插。
7.	請出吴三江商議	正字為：吳。
	若還謀乱只事志	正字為：還、亂、事。
	須着陳水耒帮伊	正字為：著、來、幫。
9.	奌起義民卜力伊	正字為：點、起。
10.	殺死一半归陰司	正字為：殺、歸。

13. 整起民壯来救伊　　　正字爲：起、壯、來。

14. 新旧二官屍巳死　　　正字爲：舊。

17. 札在西門城墙迖　　　正字爲：牆、邊。

20. 大砲大放轟天响　　　正字爲：響。

21. 温陵一呂耒助戰　　　正字爲：品、來、戰。

22. 城上尽是女英靈　　　正字爲：盡、靈。

27. 圍困脱迯被賊追　　　正字爲：逃。

30. 寫出表文奉圣旨　　　正字爲：聖。

38. 戰敗屡次無体面　　　正字爲：戰、屢、體。

39. 賊夥個二出気伊　　　正字爲：氣。

41. 办棹就請磨通兄　　　正字爲：辦、詹。

　　觧功呌賞上下庄　　　正字爲：解、叫。

42. 磨通黃掛稱先鋒　　　正字爲：詹、黃、稱、鋒。

43. 張牵人一時有計智　　正字爲：攀。

46. 劝恁世上忍一時　　　正字爲：勸。

〈陳辦歌〉中的俗字多，簡字也不少，如：

1. 平生凨流結朋友　　　正字爲：風。

6. 刘港刘仲与蔡恭　　　正字爲：劉、與。

14. 报浔太爷得知机　　　正字爲：機。

17. 蘇半城查厶耒進影　　正字爲：某。

24. 馬步衙实是不知智　　正字爲：實。

26. 甬国功臣有名字　　　正字爲：開、國。

30. 調撨三馬去平台　　　正字爲：臺。

35. 賊馬驚惶当不起　　　正字爲：當。

而〈陳辦歌〉中的錯別字，除積非成是大家習用者，如「听唱新編一歌詩」之「听」字、與「請出吳三江商議」之「商」字外，多半因作者或刻工漫不經心所致。如：

「得」誤爲「淂」　　　　　（14. 报淂太爷得知机）

「迫」誤爲「廹」　　　　　（15. 賊馬追趕廹半死）

「札」誤爲「礼」　　　　　（17. 礼在西門城墙迷）

「個々」誤爲「個二」　　　（39. 賊夥個二出気伊）

「宿」誤爲「宿」　　　　　（40. 札在竹仔宿竹迷）

「綑縛」誤爲「梱縛」　　　（41. 灌酒醉々梱縛伊）

並且同一首歌謠內，同一個字前後所用（或刻）竟不一致。像「連夜赶到店仔口」與緊接著的下一句「賊馬追趕廹半死」，同一「趕」字的俗字，就有兩種不同的寫（或刻）法。此外，「起」與「赵」、「未」與「来」亦然。又如：「得了一位大龍砲」作「龍」，在「請出沙連九尨庄」時，則用叚借字「尨」。

歌內言及陳辦之名，如「一位姓陳名辦兄」、「回家問着陳辦兄」等句時，均作「辦」；但在「办棹就請詹通兄」的句子中，卻作「办」了。另外，詹通之「詹」，〈陳辦歌〉裏多用俗字「詹」，然亦有一處用正字「詹」者。

綜合上述各點，可證〈臺灣陳辦歌〉的創作成篇，是在一種文化較爲低層次的情形下完成。

第三節　表現手法

歌謠的表現手法，在傳統上，一如詩般，可歸納爲「賦、比、興」三種。

「賦」是直言敷陳，有感即發，乃意象之直接傳遞，不作隱曲的譬喻。其實細分「賦」的作法，有：平鋪直敘法、倒敘法、突起法、合攏法、排比法、對比法、反諷法等不同的變化。

其次爲「比」，比是象徵手法，直接以彼事物比此事物。南宋朱熹《詩集傳》云：「比者，以彼狀此。」象徵手法，細分有明喻、隱喻、借喻、借代等差別。

至於「興」，是暗示手法。朱熹《詩集傳》云：「興者，先言他物，以引起所詠之詞也。」鄭樵〈六經奧論〉云：「凡興者，所見在此，所得在彼。」「興」是以彼事物，由聯想而引起此一事物，乃接近之聯想。最常見的是聯

想作用所造成的暗示，由擬人格或移情作用所構成，往往先道景，後敘情事，便是古人所謂的半賦半比。

但許多臺灣歌謠，頭一兩句所唱的內容，往往與承接之句的內容毫不相涉，這是無端起興，或用套語做開端。黃得時先生認為當以「引韻」來解釋，較能說明這種現象。

〈臺灣陳辦歌〉乃採「賦」中的平鋪直敘法，其表達係以求得聽眾立即知解為目的，而承受作品者，多半為販夫走卒、鄉野百姓，因受教育程度的影響，彼等所能領悟的語言、思想領域，必有限制，加上作者本身的學養，遂使整首歌謠呈現出樸拙的特質，而談不上語言層次、語法處理、對仗應用，意象、譬喻的安排等等複雜的表現手法。

全歌將整個事件的起因、經過、結果，按先後順序敘陳而出，直截了當，沒有什麼高潮，缺少伏筆轉折的施展，作者本身的觀、感世界也不明顯；然而正因〈陳辦歌〉是一首民間歌謠，作者只本乎「思無邪」的真來表達，故亦有份樸實、天真的旨趣。

第四節　用韻及平仄

歌謠所涵蓋的內容頗為廣泛，而其形式，表現在句子結構、字辭比興的運用上，亦十分自由，但不管內容形式怎樣廣泛自由，歌謠很少不用韻的。嚴格說來，若沒有韻，歌謠就不成其為歌謠了；因此韻語的使用，實是歌謠的必具條件，不過，臺灣歌謠押韻卻極寬，不像文人寫詩，得受詩韻的種種嚴格限制。

臺灣歌謠用韻俗稱「罩句」，所謂「罩句」，就是每句句尾用韻，只求其音近即可。無論「平韻」叶「仄韻」，或「仄韻」叶「平韻」，或「平韻」相叶，或「仄韻」相叶，只要口語近似，便可叶韻。如果韻與韻相叶順口，那就可以了，不必另翻韻書。

今將〈陳辦歌〉每句句末字的閩南音，以國際音標注于后，以見其用韻特色：

※說明：（1）字之聲調符號，採用標類法：

　　　　陰平作 c□、陽平作 c□，都在音標的左下角；

　　　　陰上作 ᶜ□、陽上作 ᶜ□，都在音標的左上角；

　　　　　陰去作□ˀ、陽去作□ˀ，都在音標的右上角；

　　　　　陰入作□ɔ、陽入作□ɔ，都在音標的右下角。

（２）一般語音學家認爲：閩南語共有七個聲調，上聲不分陰陽。

（３）閩南語讀音有文白異讀者，各於該音右下角，以數字標示
　　　其所屬系統。即①表文讀音（文言音，讀書音）、②表白讀
　　　音（白話音，口語音）、③表俗讀音。

（４）各種讀音中，首列該字在後句裏，較可能之音，再次列其
　　　他「又音」。

（５）〔dZe〕聲母（近於國語的「ㄖ」）在最新的閩南語中，已多
　　　變爲〔l〕。如：字〔dZeiˀ〕→〔liˀ〕，兒〔ₑdZei〕→〔ₑli〕，
　　　即是也。

（６）陰聲韻之聲母如爲鼻音（m.n.ŋ），則其音值與鼻化韻同。如：
　　　命〔miaˀ〕與影〔ᶜiã〕同音值。

（７）依本章第一節段落編號，羅列諸字。

1. 詩〔ₑSi〕　　　　　　　　　氏〔siˀ〕
　 兄〔chiã〕②，〔chiŋ〕①　　友〔ᶜiu〕

2. 牯〔ₑKɔ〕　　　　　　　　　伊〔ₑi〕
　 肉〔baʔɔ〕③，〔dZeiɔkɔ〕①，〔hikɔ〕②　世〔siˀ〕②，〔seˀ〕①

3. 意〔iˀ〕　　　　　　　　　　兄〔chiã〕②，〔chiŋ〕①
　 驚〔ₑkiã〕②，〔ₑkiŋ〕①　　天〔ₑt′ĩ〕②，〔ₑt′ian〕①

4. 庄〔ₑtsɔŋ〕①，〔ₑtsŋ〕②　　惶〔ₑhɔŋ〕①，〔ₑhiã〕②
　 意〔iˀ〕　　　　　　　　　　兒〔ₑdZei〕
　 辱〔dzeiɔkɔ〕　　　　　　　遲〔ₑti〕

5. 入〔dzeipɔ〕　　　　　　　　圍〔ₑui〕
　 智〔tiˀ〕　　　　　　　　　 兄〔chiã〕②，〔chiŋ〕①

6. 奉〔hɔŋˀ〕　　　　　　　　　恭〔ₑkiɔŋ〕
　 虎〔ᶜhɔ〕　　　　　　　　　綜〔tsɔŋˀ〕
　 弟〔tiˀ〕②，〔teˀ〕①　　　　都〔ₑtɔ〕

7. 意〔iˀ〕　　　　　　　　　　議〔giˀ〕

志〔tsi$^\text{ɔ}$〕	伊〔$_c$i〕
8. 龍〔$_c$lioŋ〕①,〔$_c$liŋ〕②	師〔$_c$su〕
意〔i$^\text{ɔ}$〕	伊〔$_c$i〕
9. 伊〔$_c$i〕	志〔tsi$^\text{ɔ}$〕
意〔i$^\text{ɔ}$〕	伊〔$_c$i〕
10. 庄〔$_c$tsɔŋ〕①,〔$_c$tsŋ〕②	司〔$_c$si〕①,〔$_c$su〕①,〔$_c$sai〕②
意〔i$^\text{ɔ}$〕	伊〔$_c$i〕
11. 字〔dzei^2〕②,〔tsu^2〕①	字〔dzei^2〕②,〔tsu^2〕①
伊〔$_c$i〕	字〔dzei^2〕②,〔tsu^2〕①
12. 理〔^{c}li〕	死〔^{c}si〕①,〔^{c}su〕①
司〔$_c$si〕①,〔$_c$su〕①,〔$_c$sai〕②	伊〔$_c$i〕
13. 賢〔$_c$hian〕①,〔$_c$gau〕③	義〔gi$^\text{ɔ}$〕
起〔^{c}k'i〕	機〔$_c$ki〕
14. 到〔kau$^\text{ɔ}$〕③,〔to$^\text{ɔ}$〕①,〔tau$^\text{ɔ}$〕②	宜〔$_c$gi〕
死〔^{c}si〕①,〔^{c}su〕①	馬〔^{c}ma〕①,〔^{c}be〕②
15. 意〔i$^\text{ɔ}$〕	死〔^{c}si〕①,〔^{c}su〕①
口〔^{c}k'au〕②,〔^{c}k'ɔ〕①	司〔$_c$si〕①,〔$_c$su〕①,〔$_c$sai〕②
16. 半〔puã$^\text{ɔ}$〕③,〔puan$^\text{ɔ}$〕①	起〔^{c}k'i〕
智〔ti$^\text{ɔ}$〕	
伊〔$_c$i〕	邊〔$_c$pĩ〕②,〔$_c$pian〕①
17. 城〔$_c$siã〕②,〔$_c$siŋ〕①	影〔^{c}iã〕②,〔^{c}iŋ〕①
驚〔$_c$kiã〕②,〔$_c$kir〕①	命〔mia$^\text{ɔ}$〕②,〔biŋ$^\text{ɔ}$〕①
18. 意〔i$^\text{ɔ}$〕	餉〔siɔŋ$^\text{ɔ}$〕
封〔$_c$hɔŋ〕①,〔$_c$paŋ〕②	水〔^{c}tsui〕②,〔^{c}sui〕①
19. 量〔$_c$liɔŋ〕①,〔$_c$niu〕②	城〔$_c$siã〕②,〔$_c$sui〕①
砲〔p'au$^\text{ɔ}$〕	

20. 响〔ᶜhiaŋ〕①，〔ᶜhiɔŋ〕①，〔ᶜhiû〕③ 　　斤〔ckun〕①，〔ckin〕①
　　角〔kakɔ〕 　　天〔ct´ĩ〕②，〔ct´ian〕①

21. 馬〔ᶜma〕①，〔ᶜbe〕② 　　城〔csiã〕②，〔csiŋ〕①
　　勞〔clo〕 　　戰〔tsianɔ〕

22. 靈〔cliŋ〕 　　智〔tiɔ〕
　　伊〔ci〕

23. 意〔iɔ〕 　　庄〔ctsŋ〕②，〔ctsɔŋ〕①
　　知〔cti〕①，〔ctsai〕③ 　　宜〔cgi〕

24. 知〔cti〕①，〔ctsai〕③ 　　民〔cbin〕
　　內〔laiɔ〕①，〔lueɔ〕① 　　智〔tiɔ〕

25. 伊〔ci〕 　　去〔k´iɔ〕①，〔k´uɔ〕①
　　死〔ᶜsi〕①，〔ᶜsu〕① 　　司〔csi〕①，〔csu〕①，
　　　　　　〔csai〕②

26. 智〔tiɔ〕 　　兄〔chiã〕②，〔chiŋ〕①
　　字〔dzeiɔ〕②，〔tsuɔ〕① 　　池〔cti〕
　　字〔dzeiɔ〕②，〔tsuɔ〕①

27. 智〔tiɔ〕 　　追〔ctui〕
　　牛〔puãɔ〕②，〔puanɔ〕① 　　量〔cliɔŋ〕①，〔cniu〕②
　　司〔csi〕①，〔csu〕①，〔csai〕②

28. 意〔iɔ〕 　　追〔ctui〕
　　鎮〔tinɔ〕

29. 祠〔csu〕 　　伊〔ci〕
　　主〔ᶜtsu〕 　　司〔csi〕①，〔csu〕①，
　　　　　　〔csai〕②

30. 智〔tiɔ〕 　　旨〔ᶜtsi〕
　　台〔ctai〕 　　企〔ᶜk´i〕

31. 耳〔ᶜdzei〕①，〔ᶜni〕① 　　伊〔ci〕
　　色〔sikɔ〕 　　更〔ckĩ〕②，〔ckẽ〕②，
　　　　　　〔ckiŋ〕①

32. 熟〔sikɔ〕②,〔siɔkɔ〕①　　　福〔ᶜhɔkɔ〕
　　哥〔cko〕　　　　　　　　　是〔siꜛ〕
33. 智〔tiꜛ〕　　　　　　　　　緩〔huanꜛ〕①,
　　　　　　　　　　　　　　　〔uanꜛ〕②
　　旗〔cki〕
34. 馬〔ᶜma〕①,〔ᶜbe〕②　　　伊〔ci〕
　　知〔cti〕①,〔ctsai〕③　　筭〔sŋꜛ〕②,〔suanꜛ〕①
　　司〔csi〕①,〔csu〕①,〔csai〕②
35. 智〔tiꜛ〕　　　　　　　　　起〔ᶜᵗi〕
　　子〔ᶜtsi〕①,〔ᶜtsu〕①　　陳〔tinꜛ〕①,〔tsunꜛ〕②
　　起〔ᶜkʼi〕
36. 意〔iꜛ〕　　　　　　　　　　知〔cti〕①,〔ctsai〕③
　　錢〔ctsî〕②,〔ctsian〕①　　米〔ᶜmi〕
37. 平〔cpiŋ〕①,〔cpʼiŋ〕①,〔cpĩ〕②　袋〔teꜛ〕②,〔taiꜛ〕①
　　侍〔siꜛ〕①,〔saiꜛ〕②
38. 智〔tiꜛ〕　　　　　　　　　刻〔kʼikɔ〕
　　面〔binꜛ〕②,〔bianꜛ〕①　　女〔ᶜli〕①,〔ᶜlu〕①
39. 伊〔ci〕　　　　　　　　　子〔ᶜtsi〕①,〔ᶜtsu〕①
　　長〔ctŋ〕②,〔ctioŋ〕①　　伊〔ci〕
　　邊〔cpĩ〕②,〔cpian〕①
40. 伴〔pʼuãꜛ〕②,〔puanꜛ〕①,〔pʼuanꜛ〕①　邊〔cpĩ〕②,〔cpian〕①
　　意〔iꜛ〕　　　　　　　　　天〔ctʼî〕②,〔ctʼian〕①
　　司〔csi〕①,〔csu〕①,〔csai〕②
41. 量〔clioŋ〕①,〔cliû〕②　　兄〔chiã〕②,〔chiŋ〕①
　　伊〔ci〕　　　　　　　　　庄〔ctsɔŋ〕①,〔ctsŋ〕②
42. 伊〔ci〕　　　　　　　　　鋒〔chɔŋ〕
　　死〔ᶜsi〕①,〔ᶜsu〕①
43. 智〔tiꜛ〕　　　　　　　　　議〔giꜛ〕
　　兄〔chiã〕②,〔chiŋ〕①

44. 驚〔^{c}kiã〕②，〔^{c}kiŋ〕①　　　　死〔^{c}si〕①，〔^{c}su〕①
　　遲〔^{c}ti〕　　　　　　　　　　　虎〔^{c}hɔ〕
　　死〔^{c}si〕①，〔^{c}su〕①

45. 連〔^{c}lian〕①，〔^{c}lĩ〕②　　　　遲〔^{c}ti〕
　　屍〔^{c}si〕

46. 時〔^{c}si〕　　　　　　　　　　　意〔i^ɔ〕
　　止〔^{c}tsi〕　　　　　　　　　　死〔^{c}si〕①，〔^{c}su〕①
　　歌〔^{c}kua〕②，〔^{c}ko〕①

〈陳辦歌〉的用韻特色，可得而說者，均有下列數條：

（一）我國傳統詩法，除非另有作用，否則同字押韻向為大忌，然而在臺灣歌謠中，同字押韻者，俯拾皆是；〈陳辦歌〉同字押韻的情形尤多，像「伊」字，在整首歌謠內，共押了十八次，「意」字押了十三次，「智」字押了十一次，「司」與「死」字也押了八次之多，此外如「字」、「兄」、「庄」、「起」、「知」等，亦押了三五回；由此可見，同字押韻是臺灣歌謠中常見的現象，也有它古樸的特性。

（二）〈陳辦歌〉中的韻字，若有文白異讀者，以口語音為主，然遇專名（如鹿耳、陰司）、或為求協韻時，也可能改用讀書音。臺灣閩南語的文讀音，因受官話影響，致與口語音略有差別，凡曾讀書識字者，皆能運用讀音；加上早期戲劇多採文讀音，遂使鄉野鄙夫亦或多或少能發文讀音，以致在歌謠中，語音與讀音混雜使用。

（三）〈陳辦歌〉之韻例為：或逐句押、或間句押、亦有隔數句再押者。全歌押韻字，只要主要元音相同，便可叶韻，也不受聲調的限制。如本歌主押〔i〕韻（音值如國音之「一」韻），並與鼻化韻〔ĩ〕或〔ui〕韻通押，間有數句換韻，後復返押〔i〕韻者。與〔ĩ〕韻通押者，有「邊」、「天」、「錢」、「更」等字；與〔ui〕韻通押者，如「圍」、「水」、「追」等；此類通押之句，亦可以無韻句視之。換韻句如「影」、「驚」押〔iã〕韻；「庄」、「惶」、「奉」、「恭」、「綜」、「封」、「餉」等押〔ɔŋ〕韻。

（四）入聲字與平上去通押。由於歌唱的需要，入聲字不得不拉長而近似平上去，故在歌謠中，入聲字可與平上去通押。在〈陳辦歌〉裏，與平上去通押之入聲字有：「肉」、「辱」、「入」、「角」、「熟」、「福」、「刻」等。

　　至於歌謠的平仄，乃在表現聲調的「抑揚高低」；平仄之於任何詩歌，均不可或缺，只有「嚴格」與「不嚴格」，「固定」與「不固定」，「自然」與「不自然」，「有意」與「無意」的區別而已。如律絕詞曲，可謂嚴格而固定，刻意尋求，一字亦不容輕忽；然而，臺灣歌謠一本民間歌謠自由樸拙的特色，平仄運用相當輕鬆自由，不管是平是仄，只要唱起來，語氣通順、聲調協和就可以了。因為歌謠是口口相傳的，所以用韻比字的平仄較受注重。

第七章　臺灣歌謠中有關民族意識及動亂的作品

　　在所有臺灣歌謠中，涉及民族意識及動亂的作品，所佔的比例極低，一方面是因為流傳記載備受干擾摧殘，另一方面，此類歌謠的產生本來就很少；尤其是較長篇幅者，更為難得，這與中國沒能產生許多長篇史詩，似同樣基於民族性使然。

　　因此清代除〈臺灣陳辦歌〉，僅有〈朱一貴亂歌〉、〈你較野蔡牽〉、及〈戴萬生反清歌〉等首，其中以〈戴萬生反清歌〉較具規模與重要性。

　　〈朱一貴亂歌〉

　　　「頭戴明朝帽，身穿清朝衣，五月稱永和，六月還康熙。」

　　　（錄自片岡巖《臺灣風俗誌》）

清康熙六十年（西元 1721 年）五月，朱一貴怨清官稅斂苛虐，並濫捕結會及私伐山林者兩百餘人，處以極刑，遂起事反清，自稱朱明後裔。朱一貴殺了臺灣府總兵歐陽凱，攻陷臺灣府城，並隨即入城稱主，建朔「永和」，因為事情至為迫急，只得臨時找了一件黃帝的戲服穿上，發號施令，人民見其態滑稽，乃做此歌以譏之。

　　〈你較野蔡牽〉

　　　「文中有一薛，武中有一吉，任你蔡牽來，土城變成鐵。」

　　　（錄自林清月《歌謠集粹概論》）

海寇蔡牽於清嘉慶十年（西元 1805 年）乘邊防不備，入臺，劫掠竹塹、淡水、鳳山、東港、鹿耳門、蛤仔灘之烏石港等處，後爲福建提督李長庚所逐。當時薛志亮爲臺灣知縣，募勇守城，守備吉凌阿則號稱知兵，於是民間作此首歌謠來謳歌他們。

〈戴萬生反清歌〉

這首臺灣民間歌謠，昔日曾流傳在臺灣中部一帶，歌詞各地略異。民國十五、六年經賴甫三搜集，至二十五年由宮安中修正，發表於《新臺灣文學》雜誌上，原題〈辛酉一歌詩〉，又題〈天地會的紅旗反〉，是記清同治元年（西元 1862 年）戴萬生的抗清事件。後來，廖漢臣先生認爲原歌有不少錯誤及註釋未盡之處，遂再加以訂正在補註，於《臺灣文獻》第十一卷第三期〈彰化縣之歌謠〉一文中發表。本人據廖文，再添註語解說。

〈戴萬生反清歌〉	注　釋
唱出辛酉一歌詩：	辛酉—清同治元年。
臺南府孔道臺，上任未幾時；	孔道臺—臺灣兵備道孔昭慈。
唐山庫銀猶未到，	唐山—內地之俗稱。
發餉也無錢。	餉—軍餉也。
就召周維新來商量，來參議。	周維新－今臺南市人，孔道臺之軍師。
周維新來到此，	
雙脚站齊跪完備：	跪完備—跪妥善也。
「道臺召我啥代誌？」	啥代誌—什麼事。
孔道臺，開言就講起：	
「周維新，我問你，	
我今上任未幾時，	
唐山庫錢猶未到，	
要發餉，也無錢。	
未知周維新，	

啗主意？啗計智？」

周維新，跪落稟因依：　　　　　　　　　因依－因由也。

「稟到道臺你知機，　　　　　　　　　　機－玄機也。

　現今府城富戶滿滿是；

　大局設落去，　　　　　　　　　　　　大局－稅捐稽征處。

　八城門出告示：

　大嵌店扣二百，　　　　　　　　　　　大嵌店－大間的店面。

　小嵌店扣百二，　　　　　　　　　　　扣－徵收也。

　大擔頭扣六十，

　小擔頭扣廿四。

　若是開無夠，　　　　　　　　　　　　開無夠－不夠用。

　八城門的豬屎擔，

　一擔扣伊六個錢來相添。」

孔道臺聽著笑微微，　　　　　　　　　　微微－笑兒。

呵咾周維新好計智：　　　　　　　　　　呵咾－稱讚。

「咱今大局設落去，　　　　　　　　　　咱－我們。

　局首應該著給你。」　　　　　　　　　　局首－局長。

孔道臺烏令出一支，　　　　　　　　　　烏令－委差所用的令旗。

交代周維新親名字：

「委你八城門貼告示。」　　　　　　　　　委－派。

周維新烏令領一支，

八城門，貼告示，

告示貼了盡完備。

府城內，　　　　　　　　　　　　　　　府城－臺灣府，今臺南
　　　　　　　　　　　　　　　　　　　市。

五條街、五大姓，　　　　　　　　　　　五條街－今臺南南河
　　　　　　　　　　　　　　　　　　　街。　五大姓－郭、

看見告示姦合鄙。　　　　　　　　　　蔡、陳、施、黃。
　　　　　　　　　　　　　　　　　　姦合鄙－咀咒之語也。

就罵：

「周維新，臭小弟，

　孔道臺做官貪財利。

　二人商量一計智，

　要來剝削百姓錢。」

五條街，會來會去無為實，　　　　　　會－議論。　　無為實
　　　　　　　　　　　　　　　　　　－無計可施。

毒生罷市二三日。　　　　　　　　　　毒生－發脾氣。

總理大老有主意，

焉著眾百姓，　　　　　　　　　　　　焉著－帶著。

勤三郊行、石慶里。

石慶里的頭家聽一見，就問：　　　　　頭家－老板。

「百姓鬧采采，　　　　　　　　　　　鬧采采－鬧烘烘也。

　鬧我這三郊行啥代誌？」

總理大老說因依：

「說給三郊行，頭家得知機；

　就恨周維新，這個臭小弟，

　孔道臺做官貪財利；

　二人商量一計智，

　要來剝削百姓錢。」

頭家聽了氣沖天，就罵：

「周維新無道理！

　恁今二人想了一計智，　　　　　　　恁－他們。

　剝削百姓人的錢。

　好！將這周維新，

－94－

活活揀來打半死。

有事三郊行替恁來擔抵。」　　　　　　　擔抵－擔當也。

眾百姓，聽著極呆呸；　　　　　　　　　呆呸－不好惹也，此作
　　　　　　　　　　　　　　　　　　　　頑強解。

褲脚攏離離，　　　　　　　　　　　　　褲脚－褲脚管也。
　　　　　　　　　　　　　　　　　　　　攏－捲也。

長短刀，連插二三支，

頭鬃螺，結得硬勁勁。　　　　　　　　　頭鬃螺－將髮辮結成
　　　　　　　　　　　　　　　　　　　　螺形也。　硬勁勁－
　　　　　　　　　　　　　　　　　　　　結實狀。

緊緊行，緊緊去。　　　　　　　　　　　緊緊－快快也。

走到大西門，媽祖樓內爲止。

周維新，不知機，

籬笆門，開到離離離，　　　　　　　　　開到離離離－開得大
　　　　　　　　　　　　　　　　　　　　大的。

眾百姓會齊跳入去。

周維新，註得未該死，

加老哉！百姓不識伊；　　　　　　　　　加老哉－還好！僥倖
　　　　　　　　　　　　　　　　　　　　之語。

被伊逃身離，

逃去豐振源，安身己。　　　　　　　　　豐振源－商號名。
　　　　　　　　　　　　　　　　　　　　安身己－居住也。

百姓上厝頂，拆厝瓦；　　　　　　　　　厝－屋也。

落下脚，撟階簷；　　　　　　　　　　　撟－挖也。階簷－階沿也。

提店窗，拆門扇；

粗傢伙，幼傢伙，　　　　　　　　　　　粗－大。　傢伙－家
　　　　　　　　　　　　　　　　　　　　具也。　幼－小。

搶了多完備。

恁某屎桶洗清氣，煞提去。　　　　　恁某－他太太。　　洗
　　　　　　　　　　　　　　　　　清氣－洗乾淨。　　煞
　　　　　　　　　　　　　　　　　提去－一起拿去。

周維新刣無著，　　　　　　　　　　刣無著－殺不到。
百姓氣得搖頭合擺耳。
這事破了離，　　　　　　　　　　　破了離－有著落。
孔道臺，便知機，
心肝內，假無意：　　　　　　　　　心肝內－內心裏。
要去鹿港街，
福開舍慶昌寶號算賬要討錢。　　　　福開－人名。　　舍－
　　　　　　　　　　　　　　　　　敬稱。

遇著林鎮臺，北巡視猶未去。　　　　林鎮臺－臺灣鎮總兵
　　　　　　　　　　　　　　　　　林向榮。

就請林鎮臺前來，
相參詳，相參議：　　　　　　　　　參詳－商量。
「啟稟林鎮臺你知機，
　我今替你北巡要來去，
　未知林鎮臺啥主意？」
林鎮臺聽見笑微微：
「我北巡，委你去。」
孔道臺聽著心歡喜，就叫：
「金總！吩付你，
　民壯替我加倩三十二，　　　　　　民壯－民間之丁壯，所
　　　　　　　　　　　　　　　　　以為護衛也。加倩－增
　　　　　　　　　　　　　　　　　加雇用。

　隨我上頂縣，好來去。」　　　　　頂縣－彰化也。
辛酉年，三月十一早起天分明，　　　辛酉年－清穆宗祺祥
　　　　　　　　　　　　　　　　　元年（西元 1681 年）。

地炮響來二三聲，

正是道臺點兵要起行。

一日過了一日天，

來到諸羅延遲不敢來提起。　　　　　　　　諸羅－嘉義也。

跳起來，一下見；

鹿港市百姓鬧熾熾，

喝搶鹿港市；

百姓嚷挨挨，　　　　　　　　　　　　　嚷挨挨－喧擾狀也。

喝搶鹿港街。

孔道臺看一見，

十分心驚疑，

不知因為啥代誌？

就召土城理蕃大老，

來參詳，來參議。

理蕃大老來到此，

雙腳站齊跪完備：

「道臺召我啥代誌？」

孔道臺就問起：

「理蕃大老我問你，

　我看恁鹿港市，　　　　　　　　　　　恁：你們。

　百姓鬧熾熾，

　因為啥代誌？

　從頭實說我知機。」

理蕃大老就應伊：

「啟稟道臺你知機，

　為此，同治君坐天要狼狽，

　頂縣眾百姓，

格空要反招那天地會。　　　　　格空－本爲吹牛，此解
　　　　　　　　　　　　　　　　作藉口。

四張犁、水西庄、王田、
大肚、犁頭店、猫霧沙，
彰化連海口十二班，
會會有十一班，
會來會去攏總是。　　　　　　　　攏總－全部。
大會招來小百千，
要扶大哥戴萬生。」
孔道臺聽一見，
十分心驚疑。
隔轉冥，翻轉日，　　　　　　　　隔轉冥－次夜。　　翻
　　　　　　　　　　　　　　　　轉日－次日。

二月十六日，早起天分明。
銃聲響來二三聲，
就是道臺點兵要去彰化城。
彰化文武官員得知機，
出了西門外迎接伊。
你知彰化文武官員有多少？
數起來，有五個：
雷本縣、馬本縣、秋大老、　　　　雷本縣－雷以鎮，接替
　　　　　　　　　　　　　　　　高廷鏡任彰化知縣者。
　　　　　　　　　　　　　　　　馬本縣－同知馬慶釗。
　　　　　　　　　　　　　　　　秋大老－淡水同知秋
　　　　　　　　　　　　　　　　日覲。

夏協臺、高少爺。　　　　　　　　夏協臺－北路協副將
　　　　　　　　　　　　　　　　夏汝賢。　　高少爺－
　　　　　　　　　　　　　　　　彰化知縣高廷鏡。

五人接伊入城去，

通批內外委巡城。　　　　　　　　批－信也。　　內外委
　　　　　　　　　　　　　　　　　－很低的武職。

白石頂，無處可提起。　　　　　　白石頂－營務處差官
　　　　　　　　　　　　　　　　的頂戴。

孔道臺，入城未幾時，

升堂坐落去。　　　　　　　　　　坐落去－坐下去。

孔道臺就講起：

「為此戴萬生這個臭小弟，

　招那天地會，

　就是謀反的代誌。

　兩邊文武滿滿是，

　誰人敢辦伊？

　取伊首級來到此，

　行文再賞頂戴來給伊。」

夏協臺聽一見，

趕緊跪落去：

「啟稟道臺你知機，

　這事看不破，　　　　　　　　　這事看不破－這事看
　　　　　　　　　　　　　　　　得不夠透徹。

　不可去辦伊。

　不如寫批去給戴萬生得知機，　　寫批－寫信。

　叫伊大會莫構起，　　　　　　　莫構起－別講起。

　會庄行路較誠意；

　再召戴萬生來彰化，

　做了果公未延遲。」　　　　　　果公－餉官也。

秋大老聽著極呆呸，

雙腳站齊跪完備：

「啟稟道臺你知機，

　彼當時，恁虎晟合林有理，　　　　　　彼當時－指清咸豐年
　　　　　　　　　　　　　　　　　　　間。　　恁虎晟－指林
　　　　　　　　　　　　　　　　　　　日成，四塊厝人，性粗
　　　　　　　　　　　　　　　　　　　率。

　前後厝，站置拼，

　我都敢辦伊：

　為此戴萬生小姓只家己，　　　　　　　家己－自己也。

　況兼白旗置驚伊，　　　　　　　　　　白旗－官軍旗幟也。
　　　　　　　　　　　　　　　　　　　置－在。

　委咱做官是卜呢？」

孔道臺聽著笑微微，

烏令出一支，

交代秋大老、夏協臺二人親名字：

「這事委恁辦，

　若是取了戴萬生的首級來到此，

　共恁行文賞頂戴來給你。」

秋大老、夏協臺烏令領一支，

出了彰化縣衙口，

來到魁星樓。

本農百姓就懺語：

「雷鳴秋會止，

　秋鳴淚淋漓。

　三月十八破大墩，　　　　　　　　　　大墩－臺中也。

　大小官員會攏死。」

孔道臺聽一見，心驚疑，

就召四塊厝忝虎晟：

「吩咐你，民壯給我加倩四百名，

　　保了秋大老、夏協臺，

　　二人到大墩總未遲。」

忝虎晟民壯倩完備，

保了秋大老大墩去。

紅旗聞知機，	紅旗－戴萬生之旗號也。
將過大墩圍到彌彌彌，	彌－密也。
挑夫扶擔掠到割耳鼻，	掠到－提到。
刈到大舞空，	大舞空－大孔也。
二林管府拿著，刈頭鬃。	二林－指林日成、林有理也。

有的刉無死，	
放伊歸去府城合嘉義。	
田頭仔李仔松上陣上驚死，	
保了夏協臺，	
要去阿罩霧安身己，	阿罩霧－霧峯。
連累協臺一條生命自盡死。	
忝虎晟看見不是勢，	不是勢－情勢不對。
就此四百名抽返去，	
逆生豎紅旗。	
你知大墩焉怎敗？	
正是猫仔旺，內壯勇，	內壯勇－衛兵也。
內裏叛出來，	
才會此大敗。	此－這樣。
秋大老，死了未幾時，	

天頂落了二滴仔邋遢雨，

百姓經體是置流目屎。　　　　　　　經體－譏諷也。　　目

　　　　　　　　　　　　　　　　　屎－眼淚也。

天地乘勢遍地起，

頂合下，合共廿一起。

戴萬生馬舍公外看一見，　　　　　　馬舍公－靴鞋商之祖

　　　　　　　　　　　　　　　　　師，此處指馬舍公廟

　　　　　　　　　　　　　　　　　外。

「這就巧！這就奇！

　我也無通批，

　頂下縣四界攏總是紅旗。

　該是我戴潮春的天年！」

忝虎晟大哥跳勃勃，

大肚、茄投大哥趙憨、陳仔物，　　　陳仔物－陳仔魳也。

陳仔物頂有談，

北勢湳、萬斗六、番仔田、

洪上流、洪狗母、洪老番、

洪仔鑽、洪仔花。

洪家大哥上格空，　　　　　　　　　上格空－最會吹牛。

扶出小埔心姓陳大哥啞口弄。

啞口弄做大哥，

連海人喊罪過。

戴萬生三月十九點兵攻彰化，

要攻彰化城大哥人頂多，

數起來有十個：

戴瑞華、大箍英、羅文、羅乞食、

甘過、貓仔義、高福生、林順治、

謝文杞、一隻賴老鼠。

十個大哥要攻彰化一城池，

要攻置煩惱，

城內王仔萬會香講好好。　　　　　　　　會香－當時間諜所用

　　　　　　　　　　　　　　　　　　　之暗號也。

人馬緊行緊大堆，

彰化東門城，

免攻家已開。

戴萬生入城，

要剒管府合民壯，

百姓呵咾好。

大哥出令要拿金總、馬大老，

小年人上格空，　　　　　　　　　　　　小年人－年輕人。

拿到金總刈頭鬃。

刈了多完備，

百姓溜出彰化這城池。

大哥脚手頂利害，

鎮南門、烏窰仔，大哥是邱在，

邱在鎮守南門兜兜兜，

鎮守北街王仔萬，

南街戴振龍。

何文顯、陳大杰、葉虎鞭、戴老見

、鄭春爺、鄭玉麟、黃知見，

衆大哥會齊要攻山。

犁頭店，大哥是劉安，

劉安擺脚上古博；　　　　　　　　　　　擺脚－跛足。

下橋仔大箍朝，

烏銃頭，大哥林賊仔谷，

王城大哥楊目丁、吳文鳳，

觸口山，吳草鵲。

塗牛大哥劉仔祿，

劉家大哥真正興，

扶出小半天筍仔、

林大哥、劉森根。

劉家大哥有主意，

扶出林谷、林雞冠、林棋盤，

林棋盤上弱貨，　　　　　　　　　上弱貨－最糟糕的傢

　　　　　　　　　　　　　　　　伙。

連叛二三回。

林仔草、林仔義、張仔乖、張仔兔、

陳墳、客婆嫂，

會香是嘉義。

會到刣狗坑，

林丁戶、林瑞林、林嵌、林仔攬、

林仔用、林仔忠、嚴辦，

嚴辦數來大花虎。

啞口弄，出陣好戰皷。

江高明，出陣給人當使虜，　　　　當使虜－衝鋒也。

洪仔花出陣，都是好伊某。　　　　好伊某－他的好太太。

大哥要出名，

數起來：六隻的豬哥，二隻的豬母

，一隻的烏龜，

楊豬哥、張豬哥、黃豬哥、賴豬哥

、簡豬哥、嚴豬母、鄭豬母，

一隻賴烏龜。

會齊困山城，

四城門、困落去、

竝無糧草好入去，

散凶人餓到吱吱叫。　　　　　　　　　　　散凶人－貧民也。

五個大哥巡城的女將：

大脚甚、臭頭招、女嬌娘、北社尾、

王大媽、黃大媽，

老人老篤篤，

到底做事不順便。

要攻西門街大哥是嚴辦，

嚴辦鎮守西門頂有誃，

鎮守東門陳竹林、陳竹城、鄭宗虎

、大哥洪仔花，

洪仔花鎮守東門上蓋久。　　　　　　　　上蓋－最也。

鎮守南門角仔寮徐和尚、黃和尚、

賴大條、呂仔主，　　　　　　　　　　　呂仔主－呂仔梓。

大哥呂仔主格空拆王府，

拆了上蓋會，

鎮守北門大哥何地。

數起來，打猫姓何大哥更較多，

數起來十三個：

何竹聰、何仔守、何萬、何仔每、

何竹林、何萬枝、何連城、何阿開

、恙皆、吉羊、何忠厚、何錢鼠、

何乞食。

十三個有主意，

鎮守一城池。

頂縣報仔連連去，　　　　　　　　　　　報仔－偵探也。

入府內，討救兵，稟到：

「林鎮臺你得知，

　我為鎮臺透冥來。　　　　　　　　　　透冥－漏夜也。

　破了彰化未幾時，

　孔道臺走到蕃薯寮，

　吞金來身死。

　未知鎮臺啥主意？」

林鎮臺聽著氣冲天，

就召大小官員來參詳、來參議：

「大家點兵北社好來去！」

林鎮臺點出來，

人上多，點過精，

謝天星，蔡榮東放大銃，

中竹塭九營兵，

先鋒隊林應清，

黃飛虎、林有財二人點兵好照應。

大營給伊呂仔主、呂仔墻來佔去，　　　　吳仔墻－吳高。

盧大鼻、李大舍，

紀涼亭、查某營、順東舍，

有糧草，來聽用，

大炮舍，愛功勞，做先行。

林鎮臺，人馬行路稀稀稀，

頭陣到了是邦碑，

林鎮臺傳令著紮營，

有的夯鋤頭，有的夯鍬仔，　　　　　　夯－大力以肩舉物。

鑯－磨鑯。

有的負布袋，紮卜是土營。

紅旗聞知機，

將這土營圍到彌彌彌。

嚴辦、啞口弄、戴振龍要出名，

攻打邦碑大囤營，

攻來攻去無伊份。

大哥陳堂、陳玉春，

人馬駐紮白沙墩，

大會要豎旗。

林鎮臺舉目看一見，

看見大會豎紅旗，

坐在中軍帳內，暈暈慓落去，

中軍帳－主帥所居之
營帳。　　慓落去－倒
下去。

脚風、透腸、著病攏總起。

府城大府賀糧草，

押到大營口，

呂仔主、吳仔墻，二人就搶去。

你知糧草是何物？

打開撐籠一下看，

正是：公餅、肉粽、花心魚。

賊仔食了就喝咻，

喝咻－吶喊也。

後壁寮姓廖大哥大肚秋。

林鎮臺被伊一困趕、一困去，

一困－一程也。

趕到邦碑大囤營，安身己。

府城管府想計智，

要卜糧草劉得著，　　　　　　　　　劉－不會。

爬出城，偷摘豆仔蕃薯葉，

被嚴辦脚手扐無著，　　　　　　　　脚手－部下也。　　扐
　　　　　　　　　　　　　　　　　　－捉也。

走入城，驚得屎尿流到滿草蓆。

一日攻到一日，

攻到四月初七冥，

大水雨落淋漓。

林鎮臺有主意，

傳令要溜營，

溜營四散去，

有的假乞食，

有的揹袈荐。　　　　　　　　　　　袈荐－乞丐所背之草
　　　　　　　　　　　　　　　　　　袋也。

林鎮臺走到田洋，看見一點火，

一困行，一困去，

走到火斗邊，跌一倒，　　　　　　　火斗－捕蛙者所用之
　　　　　　　　　　　　　　　　　　燈籠也。

扐水雞林阿義聽著脚步聲，　　　　　水雞－田蛙也。

心肝內就著驚。　　　　　　　　　　著驚－受驚也。

林鎮臺開言即講起：

「不免扐水雞朋友你掛意，　　　　　不免－不必。

　　說起來，林向榮是我親名字。」

林仔義念著親人事，　　　　　　　　親人事－宗親之情份
　　　　　　　　　　　　　　　　　　也。

盡忠合盡義，

火斗大膽就吹熄。

林鎮臺五十塊緊緊贈給伊，

「緊緊焉我安身己！」

林仔義聽著心歡喜，

焉伊去到鹽水港，安身己。

四月初八早起天分明，

眾人哥，點兵攻打邦碑大屯營。

大小銃，打來響幾聲，

營內並無管府置著驚。

好膽的走看，　　　　　　　　　　　　　好膽的－大膽的人。

營內都空空，

正是林鎮臺溜營無半人。

有的侵入去，

扛大銃，拆布帆，

搶了都完備，

大哥會香要攻是嘉義，

要攻嘉義城，大哥上蓋多，

數起來，四十連七個。

要攻嘉義城，上蓋興，

鱸鰻嬌、鱸鰻丁、驢鰻大哥人上有

，蔡龍、蔡網、許輦份、陳貓豬、

嚴仔魚、蘇界、王草湖、蕭金泉、

鐘仔幕、游嵌、葉仔包、陳璉寶、

陳狗母、陳登順、朱登科、賴支山

、葉超、陳明河、張仔草、陳蕃薯

、郭天生、郭友進。

豆菜井大哥、陳得勝，上蓋好，

諸羅山、南門街大哥賴仔葉、黃仔

母，黃仔母無路用。　　　　　　　　　無路用－沒用處也。

賴溪厝，賴大頭、蔡四正，

這二人數來同起居。

諸羅山、北門街大哥雜透流；　　　　　雜透流－烏合之衆也。

鹹魚成、章再生、童亂英、李仔智

、上尾口新店尾大哥黃猫狗，

黃猫狗有主意。

柳仔林大仔、黃萬居，

黃萬居，上凸風，　　　　　　　　　　上凸風－最誇口。

扶山竹仔腳，蕭勇、蕭義、蕭赤、

蕭富、蕭天風。

蕭天風，有主意，

扶出三大姓：黃、侯、陳。

侯宣爐、侯仔猛、侯搭、侯弄，

四十七人攻打諸羅有摔打。　　　　　　摔打－意謂奮勇也。

戴萬生彰化城點兵攻大甲，

要攻大甲城，

大哥上蓋多，

多周多，無路用。

放置大甲城內，

卜造鉛子袋。　　　　　　　　　　　　卜－欲也。

林龜想、恁虎晟攻大甲，

恁虎晟頭陣跌落馬，

爬起來頹頹頹。　　　　　　　　　　　頹－頹喪也。

城樓頂管府格恁話：

「阮這大甲石頭城，　　　　　　　　　阮－我們。

　不驚四塊厝大哥林恁晟，

－110－

數起來三條巷，

只驚大埔心，姓陳大哥啞口弄。」

啞口弄攻諸羅，上艱苦。

頂縣戴萬生，

彰化喰化喰飯三通鼓，

戴彩龍攻諸羅，喰大條蕃薯脯。 　　蕃薯脯－蕃薯乾。

廖陳金出門，總是花查某， 　　花－調戲也。

無人知，腳手出來講。

下沙里大哥陳仔訪，

衆大哥大家有主意，

大衆要攻諸羅一城池：

攻到五月十一冥，地大動，

紅旗夯超超， 　　勁勁－有勁也。

少年家勃勃投， 　　勃勃投－踊躍也。

戰鼓叮噹喊，

人馬一困咻，一困去，

咻到諸羅山，東門來為止。

好大膽，倒梯移起去， 　　倒梯－雲梯也。

城樓頂，官府就看見，

大小銃打下多完備。

黃猪哥蓋龜精， 　　蓋龜精－最詭譎。

喝搶西門街，得著錢，

心肝雜統統，要叛不敢講， 　　雜統統－慌亂也。

要叛不敢講，

一手人馬點去依布總。

黃猪哥吳仔墻蓋生神， 　　蓋生神－最歹也。

相招叛二林，

叛了都完備。

走出南門外合那嚴辦幹生死，　　　　　　幹生死－拚命也。

一手人馬駐紮柳仔林，安身己。

二人有主意，走到鹽水港，

向林鎮臺領白旗，

順勢導林鎮臺出來救城市。

一囤導，一囤去，

導到南門朱子祠，

遇著紅旗溜營剛即離。　　　　　　　　　　剛即－剛才也。

黃仔房、林仔義二人不驚死，

現此時同日置做忌。

林鎮臺紮諸羅，

六月起，紮到八月止。

厨房上街去買菜，　　　　　　　　　　　　厨房－當指厨子也。

聽著街頭巷尾百姓置偷會：　　　　　　　　偷會－私下議論也。

「林鎮臺府內敢是無可喰？　　　　　　　　敢是－或是也。

　頂縣有紅旗，不敢去，

　駐站諸羅山，扐人損番頭，　　　　　　　損番頭－勒索也。

　渡飯過日子。」

厨房聽著面仔紅炬炬，　　　　　　　　　　紅炬炬－愧色也。

不敢來應伊。

走返來，共了鎮臺說透機：

「我今下街去買菜，

　聽著街頭巷尾百姓置偷會：

　林鎮臺府內無可喰，

　頂縣有紅旗，不敢去，

　駐紮諸羅山，扐人損番頭，

　　渡飯過日子。」

林鎮臺聽著氣冲天，

就召黃飛虎、林有材二人，　　　　　　　　黃飛虎－北路協參將。

來參詳，來商議：

「令即點兵就來去，

　　不可在這諸羅山，

　　百姓傳名合說聲。」

黃林二人有主意，

點兵就齊備，

傳令就起行，

來到石龜溪、猴冀溝、大丘園來為止。

林鎮臺，傳令要紮營，

說叫先生羅經排落去。　　　　　　　　　羅經－指南針。

排了離，離遠遠，

一個囝仔嬰，置喝喊：　　　　　　　　　囝仔嬰－小孩子。

「先生慢且是，這園是阮的，

　　要做風水，葬別處，即合理。」

林鎮臺聽著氣冲天：

「咱是要來紮大營，

　　將咱做風水來計議，　　　　　　　　計議－議論也。

　　吉兆極呆，上無比。」　　　　　　　　呆－壞也。

起叫先生羅經來收起，

傳令更再征，更再去，

征到斗六來為止。

被那張、廖大哥圍齊備，

你知張、廖大哥有多少？

數起來，三十連七個：

廖清風、廖大耳、

大肚萬，有主意，

廖仔黎、廖鯽兼，廖屬、廖有于、

阿糞丑、廖談、大舌寬，

豎紅旗就喝是。

溪州底張仔泉、張順治、張撓嘴、

張缺嘴、張三顯、張仔天，

張仔天做大哥無人知；

下崙仔大哥張仔開，

張仔開頂凸風；

戴萬生轅門鬍鬚束，　　　　　　　轅門－守門官，中軍
　　　　　　　　　　　　　　　　　也。

鬍鬚束上格空，

洪仔花，軍師柯大邦，

柯大邦無路用；

廖談正先鋒，臭頭高主生，

高主生頂溜鄙；

西螺囝仔大哥名阿喜，

阿喜做大哥，上蓋賢；

茄苳仔脚，薛蟑蝨、李龍溪，

李龍溪有主意；

就共周仔賊說透機：

「林鎮臺被咱一日圍過一日天，

　　竝無糧草好入去，

　　通批南路屯勇來到此。」

八個屯勇來完備，

「大哥召我兄弟啥代誌？」

眾大哥就講起：

「林鎮臺被我一日圍到一日天，

　也無糧草可入去，

　共恁屯勇相通知，

　教伊溜，就好去，　　　　　　　　　溜－溜走。

　營地給我即合理。」

八個屯勇聽一見，

不敢來延遲，

走入大小營，大家相通知。

來到大營，共了林鎮臺說透機：

「咱這營內無糧草，

　溜營就來去，

　營地放給伊。」

林鎮臺聽著氣冲天：

「連這屯勇也已叛了離，　　　　　　　這－這些也。

　總是生命著來死，

　免被大哥扐去受凌遲。」

要買一丸阿片煙，　　　　　　　　　　阿片煙－鴉片煙。

提便便自盡大先死，

方免紅旗手頭錯誤受凌遲。

八個屯勇就看見，

看見林鎮臺吞煙置要死，

布帆拆下來，

緊緊就扛去。

近來看，親像物；　　　　　　　　　　親像－眞像也。

遠來看，親像呆子豬罟籠大猪。

一困扛，一困去，

扛到斗六媽祖宮，

剩了一條的氣息。

啞口弄看一見，

板尖刀就拔起，

屁股破落去，

五孔紅紅有可比，　　　　　　　　　　　孔－洞也，此指傷口。

可比米粉漏的一理。

頭殼給伊割了離，　　　　　　　　　　　頭殼－腦袋也。

順勢給伊就題詩。

題有四句詩：

「五祖傳來一首詩，　　　　　　　　　　五祖－天地會的教祖。

　不能露出這根機；

　多望兄弟來指教，

　記憶當初子丑時。」

林有理，在唐山，在做官，　　　　　　　林有理－與前之林有
　　　　　　　　　　　　　　　　　　　理，非同一人。此林乃
　　　　　　　　　　　　　　　　　　　福建陸路提林文察，臺
　　　　　　　　　　　　　　　　　　　灣霧峰人。

探聽臺灣在反亂，

五人點兵過來，要平臺灣。

數起來：大、小曾、吳撤臺、　　　　　　大曾－臺灣鎮總兵曾
　　　　　　　　　　　　　　　　　　　玉明。　　小曾－北路
　　　　　　　　　　　　　　　　　　　協將曾元福。　　吳撤
　　　　　　　　　　　　　　　　　　　臺－指水師提督吳鴻
　　　　　　　　　　　　　　　　　　　源；「撤」應為誤字。

王大人、林有理。

五人置唐山，點兵就起行。

臺灣陳大老、洪大老，　　　　　　　　　陳大老－新任知府陳

鍔。　洪大老－卸任
知府洪毓琛。

點兵伏山城。

伏了山城多賢勉，

七十二庄大哥張三顯。

張三顯，做大哥，頂靈精，

伊兄張阿天，得銀有三千，

要献大哥戴萬生。

「賜你二粒暗藍頂，順勢插花翎。」　　　　順勢－順便也。

戴萬生献去了，

伊兄有功反無功。

紅旗起衰微，　　　　　　　　　　　　　起－開始也。

三顯生氣，相招反青旗，

反了都完備，

連累廖談小姨，生命白白死；

扐到寶斗溪，就射箭，　　　　　　　　寶斗溪－北斗溪也。

站置動動摵。

眾人站置看，

元帥是蕭泉，

蕭家元帥頂不通，

伊後生，做元帥，　　　　　　　　　　後生－兒子。

伊老父，領令做先鋒。

大、小曾做事有仔細，

令了丁太爺，押了戴萬生，　　　　　　丁太爺－新任臺灣道
　　　　　　　　　　　　　　　　　　丁曰健。

到了寶斗溪；

陳越司，扐來剉肉，

簡猪哥，煞落閘，　　　　　　　　　　　閘－刑具也。

眾大哥，看著落閘喊罪過，

猫皆輸賭献彰化。

献了彰化都完備，

林有理點兵圍鄉里。

點兵來起行，

要攻四塊厝大哥林恙晟。

攻來攻去無法伊，

賊星注伊要該敗，

遇着陳厝庄，陳主星封門孔，

大銃釘鐵丁，內裏叛出來，

恙虎晟一見，駛合鄙。　　　　　　　　　駛合鄙－咒罵之語也。

王阿萬拿話就應伊：

「不必元帥你掛意，

　　咱今烘爐火，整齊備，

　　鉛子火藥佈落去，

　　大家總著死，

　　不免被那狗官來凌遲。」

恙虎晟聽著心歡喜，

兩邊大哥滿滿是，

一手牽大某，　　　　　　　　　　　　　大某－大太太也。

一手牽小姨，　　　　　　　　　　　　　小姨－妾也。　恙虎
　　　　　　　　　　　　　　　　　　　晟有一妻二妾。

合了大哥置會議：

「這遭大家著來死，　　　　　　　　　　這遭－這次也。

　　不免被伊扰去受凌遲。」

小姨想要走出去，　　　　　　　　　　　小姨－恙虎晟之一

妾，姓蕭氏，廣東人。

恁虎晟想要去牽伊，

王仔萬看一見，

烘爐火踢落去，
《東寧紀事》謂：恁妻
點放火藥。

「厚恁同齊死！」

恁虎晟燒無死，

燒得牙仔八勁，

被伊有理來扨去。

勸到晟叔仔：

「退癀茶喰了離，
癀－黃疸病也。

　我救你生命，即𣍐死。」

恁虎晟聽一見，

彼當時，前後厝，站置拼，

因爲陳大恁，這起的代誌，

那裏肯饒我的道理？

不如咬舌來身死。

「要刣要割隨在你。」

恁虎晟死了都完備，

也著過刀即合理，

裂四腿，四角頭，去現示。
現示－陳屍示衆也。
弄空－乘隙也。

衆大哥弄空就行動，

大小曾請令要攻小埔心大哥啞口弄，

先鋒隊羅仔賊領令去攻伊，

攻來攻去無法伊。

啞口弄在竹城內便知機，

就喊客婆嫂來到此：

「你將羅仔賊來打死，

　賜你十二元，白白來給你。」

客婆嫂聽著心歡喜，

手銃拿一支，近來竹城邊，

打客話，給伊來說起：　　　　　　　　打客話－用客家話。

「你小妹，在這竹城內，

　艱苦佳易兼利市，　　　　　　　　　佳易－交易昌盛也。

　望你阿賊哥，緊緊焉我出來去！」

羅仔賊聽著客婆聲，

心肝內，就歡喜。

踏上砲臺頂來，未幾時，

客婆嫂一門銃，入有二粒子，

兇兇就放去。　　　　　　　　　　　　兇兇－狠狠地。　　放
　　　　　　　　　　　　　　　　　　－射也。

客婆嫂打銃上蓋會，　　　　　　　　　上蓋會－最擅長也。

一門銃，打去對對，著二個：

頂不通，一個是元帥，

一個是先鋒。

文武官員看見羅仔賊，

被人來打死，

目屎落淋漓，

運棺就返去。

激了水城來淹伊，

賊星注伊要該敗，

遇著監州地理先，來到此，說叫：　　　地理先－地理師也。

「大人，喂！

　我看啞口弄，猴神來出世，

　　鼎籤穴，來起義：

　　　將這土地公，面頭前的地理，

　　　掘溝敗落去，

　　　不免攻，家已開離離。」

哑口弄，打開多完備，

孩獸十三庄，搶了十一庄，

搶不夠，深坑八庄搶七庄來湊。

大水⺝卜流，　　　　　　　　　　　　　　⺝卜－氾濫之意也。

百姓被大水漂落去。

人馬駐紮二潭墩，

二潭墩，劉仔賜上蓋富，

看見走反的苦傷悲，

一家厝，扣卜五斤蕃薯簽，　　　　　　　簽－輕條狀之物謂簽。

一斤鹽，給那走反的煮。

大小曾，要攻下縣呂仔主，

呂仔主，探聽知，

安排三千銀，連夜就起行，

去到布衣嘴：

臭頭沙面頭前逃生命，

臭頭沙，看見呂仔主，來到此，

心肝內，十分暗歡喜。

大開宴席來請伊，

一面透冥寫文書，　　　　　　　　　　　透冥－連夜。

行到北港，蔡麟淵，親看見。

蔡鄰淵，看批暗歡喜。

人馬點齊備，去到布袋嘴。

臭頭沙押大哥，押了呂仔主到山城，未幾時，

白太爺昇堂就問伊：　　　　　白太爺－諸羅知縣白
　　　　　　　　　　　　　　鸞卿。

「下縣呂仔主，莫非你正是？」
呂仔主，預辦死，合伊格硬氣：
「你知我是呂仔主，
　　問卜給我鄙，也不是？」
衆人站着看，
三哥出來到，說叫：
「白太爺！呂仔主不免審問伊，
　　擬罪銅錢刈！」
大家站置呼，
日頭未許午，刈到下半晡。　　許午—午時也。　　下
　　　　　　　　　　　　　　半晡—下午也。

呂仔主、嚴仔魚，刈了都完備，
大小官員，點兵回鄉里，
文官就賞兵，武官就謝旗。
遇著唐山行文來到此，
召要有理仔去平長毛的代誌。
有理仔，接著旨意，
隨時點兵就要去，
共伊小弟有田相通知：
「若是敗兵的代誌，
　　臺灣勇，愛來去。」
點兵緊如箭，
總到漳州直直去。
此歌是實不是虛，
留得要傳到後世，

勸人子兒不當叛反的代誌：

　　若是謀反一代誌，

　　拿來活活就打死，

　　不免官府受凌遲，

　　田園抄去煞伶俐。　　　　　　　　　　　　　　煞伶俐－眞乾脆。

〈戴萬生反清歌〉的產生背景是：戴潮春字萬生，彰化四張犁莊人，祖籍福建漳州龍溪縣。兄戴萬桂早年集富戶爲「八卦會」，共約有事相援。戴家因家道殷實，自祖父起，三代皆任北路協署稿職，後來由於北路協將夏汝賢貪婪，藉故向戴萬生索賄不遂，乃憤革其職務。時萬桂已亡故，萬生恨清官貪腐，以維持地方安寧辦理團練爲由，糾集黨衆再建立「八卦會」——奉祀天地會五祖及會首奉天承運大將軍戴潮春的長生祿位，配祀朱一貴、林爽文爲先賢；凡入會者，授以八卦隱語，會友以兄弟相稱。不久，會衆激增至數萬人，由於良莠不齊，難免滋事。

清同治元年（西元 1862 年）三月九日，臺灣兵備道孔昭慈帶兵到彰化，緝拿該會總理洪某就地處決，並檄淡水同知秋日覲嚴懲會黨。於是八卦會會友，乘機蠢起，擁立萬生爲首，攻陷彰化城，孔昭慈死之。當入城時，戴萬生冠黃巾，穿黃馬褂，前呼後擁，騎馬以進；而後出示安民，令蓄髮，遵明制，自稱大元帥，大封黨徒，設賓賢館禮待縉紳，以收人心。於是茄投、大肚、牛罵頭、葫蘆墩、揀東、北投、大甲等地相繼響應皆願受約束。五月中旬議取嘉義，戴自封東王，並封林日成爲南王，略取斗六門後，欲乘勝南取嘉義縣城，不克。十一月初十，戴部林日成攻大甲，敗清軍於大安莊，又圍嘉義，城中食盡，有以龍眼核搗碎熬之爲食者。

同年十二月，臺灣總兵曾玉明和福建水師提督吳鴻源會師，分途追擊，開始反攻，兵備道丁日健、陸路提督林文察，亦相繼率兵來援，漸次攻克嘉義、斗六門及彰化等地。戴萬生見官軍日增，知大勢已去，遂逃至七十二莊張三顯家，張氏與戴妻許氏皆勸其投案，以免連累家族。同治二年十二月二十一日，萬生乃遣散餘衆，乘肩輿至北斗投案，丁日健斬之，其妻許氏自縊殉夫。萬生餘黨不甘俯首就戮，乃分散各地繼續抵抗。同治三年，林文察率卒進攻四塊厝莊，南王林日成率衆拒戰數日，最後偕妻妾自炸身亡。四年，戴之殘部嚴辦、呂梓號召餘黨，又在二重溝莊豎旗反清，丁日健急派知縣白

鸞卿、參將徐榮生隨同林文察前往討伐，嚴、呂相繼力戰而亡。至此，戴萬生反清事件終告結束。（以上的資料，主要根據《臺灣通史》、《臺灣省通志》等史籍）

〈戴萬生反清歌〉就其產生背景，及歌謠的篇幅、內容、形式等各方面觀之，與〈臺灣陳辦歌〉有頗多類似之處，故特加以比較于后：

〈戴萬生反清歌〉與〈臺灣陳辦歌〉的產生背景，均是基於民間的抗清舉事，以此類題材為內涵的歌謠，原本就不多，況且二者又都屬較長篇幅者，殊為罕見，故頗為可貴。

在結構方面：〈陳辦歌〉是每句七字，形式整齊的「七字仔」；而〈戴萬生反清歌〉則屬每句字數不定的「雜唸仔」，乃長短句式之歌謠。

在遣詞用字上：〈戴萬生反清歌〉一如〈陳辦歌〉，均將閩南語詞直接寫入歌中，充分展現了臺灣歌謠的地方風味；同時對歌中辭語也不做什麼修飾，雖顯簡拙却見率真，而相形之下，〈戴萬生反清歌〉的詞藻，較為豐富且多變。

在表現手法方面，二歌均是用最為簡捷的表現方法——「賦、比、興」中的「賦」法，全歌一瀉而下，不見什麼暗藏的曲折伏筆，亦缺引人入勝的高潮處，但此亦正是民間歌謠的特色所在。雖然〈陳辦歌〉與〈戴萬生反清歌〉都是將兩椿革命起義事件，以簡單的辭語，鋪敘出起因，經過及結果；不過，〈陳辦歌〉是承遞相接，多以第三者的立場，敷陳而出，冷靜而平淡，然而〈戴萬生反清歌〉則多採問答句式，外加敘述，架構出整首歌謠，顯得較為生動活潑。

至於用韻：〈戴萬生反清歌〉與〈陳辦歌〉一樣，主押〔i〕韻，間有數句換韻，不過後來依然返押〔i〕韻。

〈陳辦歌〉以「听唱新編一歌詩」起頭，〈戴萬生反清歌〉亦以「唱出辛酉一歌詩」為首，二者都用了當時歌謠起首的套語。同時，二歌皆以勸人不可滋生謀反之心、做出叛逆之事，否則終將遭受凌遲處死之苦為結語。

雖說〈陳辦歌〉的作者，立場不明，態度不定，聽者、讀者難以窺探其內心觀感世界，但與〈戴萬生反清歌〉比起來，却又明確多了，〈戴萬生反清歌〉是一首純然敘述，不加評斷，不見作者個性的歌謠。就二事件始末來說，〈戴萬生反清歌〉所記載的來龍去脈、人物情景，却較〈陳辦歌〉詳細明晰得多。

〈戴萬生反清歌〉與〈臺灣陳辦歌〉兩首歌謠的內容，雖與文獻方志的

記載略顯參差，然對有意研究此二事件者言，〈戴〉、〈陳〉二歌更具參考比照的價值，尤其亦可藉以得見民間傳聞的特異性。

　　除上述清代歌謠外，在日本據臺期間，臺灣許多血性漢子不甘受日軍統治，遂奮起抵抗，連帶也產生了許多具有強烈愛國意識、充滿悲憤慷慨之情的歌謠，可惜散佚頗巨。現於日人伊能嘉矩《臺灣文化志》第十六篇〈附記〉中，與《臺灣慣習記事》雜誌第二卷第七號，署名采訪生之〈臺人の俗歌〉一文中所收錄者，可略見一斑。

　　《臺灣文化志》中，所收的兩首歌謠是：

　　「照得倭犯臺北，係與土匪勾通；土客軍民混殺，倭亦徒苦無功。

　　現在民心不服，四面大軍圍攻；鄰邦已護民主，恨倭無故興戎。

　　使倭首尾難顧，立見鬼穴全空；臺中臺南一體，防禦共誓和融。

　　即率福軍協剿，定復臺北基隆；告爾軍民知悉，屆時一道從風。」

這首圓融不滯的六字句歌謠，是假藉當時幫辦臺灣防務劉義（即劉永福）之名所寫，以喚起臺灣人民同仇敵愾之心，共同起而抗日。

　　「基隆嶺頂做煙墩，滬尾港口填破船；

　　番仔相刣阮不驚，著刣番頭來賞銀。」

　　這首歌謠原見於《臺灣民主歌》的冊子中，主在鼓吹臺人勇敢斬殺日軍。〈臺人の俗歌〉一文中，亦收錄此歌，僅有數字不同：「做煙墩」作「做煙墩」、「填破船」作「騰破船」、「阮不驚」作「唔不恐」。

　　在〈臺人の俗歌〉一文中，除前述歌謠外，另有一首：

　　「去年五月十三迎城堭，今年五月十三搶軍裝；

　　可惡撫臺一時走去死，害唔百姓反亂豎白旗。

　　是儂皇帝太不謹，放伊東洋來做王，

　　東洋做王昧時哉，下胶劉義拍起來，

　　劉義東洋來相對，害唔淡水做戰場；

　　東洋不比紅毛蕃，看伊食穿比儂恰不堪，

　　驚伊將來那變儂那佶，總著離了臺灣心隻安。」

　　此歌是日軍攻臺時，臺人深恐軍隊闖入民家騷擾，乃於各地採茶之際，無論男女老幼、識字與否，均傳誦著這首歌謠，以舒鬱悶。

　　此外，尚有第二章已介紹過的〈一隻鳥仔哮救救〉，及〈人插花〉、〈士林土匪仔歌〉等，亦是反日的歌謠，然又不似前面的三首——坦然抒發不滿情懷，率性而歌，反多採迂廻暗諷的手法，婉轉表露胸中的憤恨不平；當流傳唱和時，可得到一種無需明喻的神祕貼心感。

〈人插花〉

　　「人插花伊戰草，人抱嬰伊抱狗，人睏紅眠牀，伊睏屎礐仔口。」

（錄自臧汀生《臺灣閩南語歌謠研究》）

〈士林土匪仔歌〉

　　「土匪南旁來起置，過來北山招兄弟，

　　　食酒結拜來講起，不可梟心及背義；

　　　自掠慮野作大哥，世事給伊去伐落，

　　　土匪亦敢刣打操，臺灣占返有功勞；

　　　土匪出門背刀銃，頭兄背印押號令，

　　　招伊和庄若不肯，掠來狹吊及欺陵；

　　　土匪要做真兇死，較講也是愛人錢，

　　　有錢來講放汝去，無錢來講再凌治；

　　　講到作頭人歡喜，掠來刣頭浸血池，

　　　大獅管兵作頭兄，出來北山真出名；

　　　日本探聽及探影，即時點兵來輸贏，

　　　日本相刣陣陣輸，不時給番結死對；

　　　打死番仔坐六牛，總督自提李國代，

　　　招汝北山和大獅，錢銀外多由汝愛；

　　　不可兩旁來相刣，國代坐轎到双溪，

　　　借問大獅何一個，招汝來和敢著好，

　　　不可兩旁來冤家，招我來和我歡喜；

　　　愛汝淡泊的銀錢，下日擔銀與汝呼，

　　　錢銀給汝去造路，講實不是打嘴鼓；

不可路頭無招呼，大獅心內想好好，

兄弟造路有人無，減彩日後若失錯；

建置江山無功勞，兄弟造路免認真，

較講也是愛汝銀，返來守營大要緊；

只驚日本先反面，日本反面也不知，

天光點兵觀看貢，看到五番四面來；

日本號齊掠大獅，大獅銃藥扛上山，

扛到山頭著發火，大獅看著頭就低；

臺灣不是土匪的，兄弟相招亦著退，

十月廿八濛煙雨，日本站在草山埔；

土匪相刣擂戰鼓，飢餓失頓無疑誤，

十月廿八著晏晏，日本交戰七股山；

兩旁銃子暴暴彈，打入查某透心肝，

通街大小走四散，走入山頭去藏山；

要食潽粥三頓攜，若有親族走來看，

即時清瘦變人干，衫褲沃澹白白踜；

尋無潽粥可食燒，這遭煩惱攏無笑，

不比往時彼鵑踊，憑糞歪庄打橫闖；

打死日本哭媽媽，日本退到聖公媽，

土匪號齊與伊刣，日本的銃是馬貢。

打死土匪著滅亡。」

（錄自《臺灣風物》第四卷第五期，乃何連福口述，吳萬水記錄）

據說，此歌是抗日義士簡大獅（據淡水地區以抗日）的部屬何先（為打鼓手），受傷後，逃匿山谷中，無聊時所作；後來傳遍了草山一帶，口述此一歌謠的何連福先生，就是草山里頭湖人。歌名雖為〈土匪仔歌〉，然細看內容後，即知「土匪」之名僅為避日人耳目，不得不爾。

第八章　結　語

　　好的文學，往往來自民間，然後文人繼而摹倣，造成新體。我國早期的
《詩經》、《楚辭》，及漢「樂府詩」便是例證。但後代民間歌謠，種類繁雜，
其變化也就非一言可盡了。

　　民間歌謠是出於一般百姓之口，有時不免粗率、鄙野和淺薄，但在文學
史上，卻已佔有應得之地位。聖賢先哲、文人雅士的口言筆載，一向是文學
思潮的主流，然而他們所代表的，也僅是一部分人的意見觀感而已；在教育
並不普及的社會中，有不少並非刻意要創作的作者，常常可以有意或無意地
擺脫道德禮教的束縛，拋棄文學理論之諸般拘牽，率性自然地表達出大眾的
意識與情感。它以「眞」取勝，正如王國維《人間詞話》所說的：「能寫眞景
物、眞情感者，謂之有境界。」只要眞，便能感人。

　　非但如此，歷代歌謠與歷代文學，常有相互影響的關係，然而總以文人
文學受歌謠的影響爲多且直接。例如漢代樂府詩，促使五言詩的發展；六朝
的「吳歌」、「西曲」，更造成近體詩的萌生；唐人的「敦煌曲」，也導引了長
短句的滋長；這些都是民間歌謠，直接影響了詩歌的發展，使文人得以取法，
用以開展詩歌的新天地。此一現象，在中國文學發展史中，是屢見不鮮的事
實。

　　至於臺灣歌謠，數量極豐，又因受到臺灣歷史的、地理的因素所影響，
內容頗多特殊之處。因此有心人士應該趕快努力，從文獻資料中，耆宿口傳
裏，來蒐錄舊有的歌謠，再做有系統的分析和整理，使先民漚心瀝血的作品，
得以再現於世。筆者著手做《臺灣陳辦歌研究》，僅是一項嘗試及練習。就整
個臺灣歌謠來看，〈臺灣陳辦歌〉只不過是其中一首古老的歌謠而已，對歌謠

發展不具任何關鍵性或影響力；然而自臺灣的歷史背景論，自荷蘭人據臺起，其間受過荷蘭、西班牙、鄭氏、及日本的統治，除鄭氏三代為漢族外，其餘皆為異族，臺灣人民無不持續勇地反抗，因而產生了一些具有民族意識的歌謠，〈陳辦歌〉就是其中的一首，且篇幅較長，如今又流落海外，國內無有，故比一般歌謠，更具特殊價值了。

　　現在臺灣教育普及，人民知識學養普遍提昇，新興的民間歌謠與文人雅士之作，幾已不相上下，甚或產生了混同難分的情形；同時民間歌謠也失掉了一些樸拙率真的特色，有人因此認為，今日歌謠業已日漸式微；其實不然，因為國語的流行歌曲與校園民歌，加入了臺灣歌謠的行列，壯大了其範圍。相信能運用時代精神作為骨幹，創造出具有親和力、民族性的歌謠，仍會為大眾所樂於接受和傳唱的。何況，能經得起時間、空間考驗的民間歌謠，就是一首好的歌謠；千百年後，亦是學者藉以探究那一時段，社會種種的好資料，因為歌謠永遠是社會大眾的一面鏡子。

參考書目

一、語文類

1. 《唐代長安與西域文明——記牛津所藏的中文書》,向達,明文書局,70.9。
2. 《中國俗文學史》,西諦（鄭振鐸）,明倫出版社,60。
3. 《文學概論》,王夢鷗,帕米爾書局,53.9。
4. 《臺灣閩南語歌謠研究》,臧汀生,臺灣商務印書館,73.4（再版）。
5. 《臺灣民謠之研究》,顏文雄,文化藝研所53年碩士論文。
6. 《臺灣史蹟源流——十九、臺灣民謠簡介》,楊兆禎,臺灣省文獻委員會劉寧顏主編,70.11。
7. 《臺灣福佬系民歌》,許常惠,百科文化公司,71.9。
8. 《臺灣民俗歌謠》,林二·簡上仁,衆文圖書公司,73.9（再版）。
9. 《臺灣民謠》,謝易霖,偉文圖書出版社,69.4。
10. 《臺灣民謠》,簡上仁,臺灣省新聞處,72。
11. 《臺灣民間文學集》,李獻章,牧童出版社,67.8。
12. 《臺灣諺語》,吳瀛濤,臺灣英文出版社,64.10。
13. 《中國歌謠論》,朱介凡,中華書局,63.2。
14. 《臺灣風俗誌》,片岡巖著·陳金田譯,大立出版社,72.8。
15. 《南瀛雜俎——（南瀛文獻叢刊第四輯）南部臺灣的民謠·童謠與四句,王登山,臺南縣政府,71.4。
16. 《臺灣語言源流》,丁邦新,省政府新聞處,61.2（再版）。
17. 《廈門方言的音韻》,董同龢,中央研究院集刊第二十九本抽印本,46。
18. 《臺灣福建話的語音結構及標音法》,鄭良偉,學生書局,66.7。

19. 《臺灣話考證》，孫洵侯，臺灣商務印書館，53.5。

20. 《臺灣語典》，連橫，中華叢書委員會，46.8。

21. 《宋元以來俗字譜》，劉復・李家瑞，文海出版社，67.7。

22. 《增補彙音寶鑑》，沈富進，撰者印行，62.11（十七版）。

23. 《國語・閩南語對照常用辭典》，蔡培火，正中書局，58.10。

二、史地類

1. 《臺灣文化志》，日・伊能嘉矩，西田書店，昭和40（西元1965年）.10。

2. 《內自訟齋文選》，周凱，臺灣文獻叢刊第八二種。（臺灣銀行經濟研究室編輯發行）。

3. 《清宣宗實錄選輯》，臺灣文獻叢刊第一八八種。

4. 《臺灣通史》，連橫，臺灣文獻叢刊第一二八種。

5. 《嘉義管內采訪冊》，臺灣文獻叢刊第五八種。

6. 《嘉義文獻專刊創刊號》，嘉義縣文獻委員會，44.6。

7. 《南瀛論叢——（南瀛文獻叢刊第三輯）張丙之役，賴垂・陳喜齡，臺南縣政府民政局，71.4。

8. 《嘉義縣志》卷九〈革命志〉，嘉義縣政府，67.5。

9. 《臺南縣志稿》卷八〈人物志〉，臺南縣文獻委員會，49.3。

10. 《臺灣省通志》，黎仁・毛一波，臺灣省文獻委員會，59.6。

11. 《臺灣人物表錄》，王詩琅，德馨室出版社，68.10。

12. 《臺灣史略》，林熊祥，青文出版社，62.4。

13. 《古往今來話臺灣》，江炳成，幼獅文化公司，67.3。

14. 《臺灣史研究》，賴永祥，撰者印行，59.10。

15. 《臺灣歷史百講》，馮作民，青文出版社，55.2。

16. 《臺灣叢談》，臺灣史蹟研究會彙編，幼獅文化公司，67.10（再版）。

17. 《清代臺灣民間械鬥歷史之研究》，樊信源，文化史研所62年碩士論文。

18. 《東瀛紀事》，林豪，臺灣文獻叢刊第八種。

19. 《南瀛雜俎》（南瀛文獻叢刊第四輯），臺南縣政府，71.4。

20. 《臺灣義民》，南兵和，撰者印行，70.8。

21. 《臺案彙錄甲集》，臺灣文獻叢刊第三一種。

22. 《鳳山縣采訪冊》，盧德嘉，臺灣文獻叢刊第七三種。

23. 《治臺必告錄》，丁曰健，臺灣文獻叢刊第十七種。

24. 《臺灣采訪冊》，諸家，臺灣文獻叢刊第五五種。

25.《東華錄選輯》，蔣良驥‧王先謙，臺灣文獻叢刊第二六二種。

26.《東華續錄選輯》，王先謙‧潘頤福，臺灣文獻叢刊第二七三種。

27.《臺灣史》，盛清沂‧王詩琅‧高樹藩，臺灣省文獻委員會，66.4。

28.《戴案紀略》，蔡青筠，臺灣文獻叢刊第二〇六種。

29.《戴施兩案紀略》，吳德功，臺灣文獻叢刊第四七種。

30.《輿地纂要》——（南瀛文獻叢刊第二輯）白河鎮志，林春水，臺南縣政府民政局，70.6。

31.《臺灣府輿圖纂要》，臺灣文獻叢刊第一八一種。

32.《續修臺灣府志》，高拱乾，臺灣文獻叢刊第六二種。

三、期刊類

1.〈清代福佬話歌謠〉，李獻璋，《臺灣文藝》第 26.27 期合訂本。

2.〈歌謠小史〉，林清月，《臺北文物》第 2 卷第 2 期。

3.〈關於民歌之我見〉，陳振煌，《文星》第 6 卷第 3 期。

4.〈民歌〉，黃瑩，《文藝月刊》第 124 期。

5.〈論民歌〉，虞君質，《文藝創作》第 19 期。

6.〈淺談中國的民謠〉，田慕梵，《今日中國》第 41 期。

7.〈談民謠　再談民謠　三談民謠〉，田慕梵，《今日中國》第 42～44 期。

8.〈臺灣的民謠——臺灣研究研討會第六次集會記錄〉，《臺灣風物》第 29 卷第 1 期。

9.〈論歌謠〉，李素，《文學世界》第 43 期。

10.〈從民間歌謠中探討我國的民族性〉，張周勳，《文壇》第 253～255 期。

11.〈從民謠中看老百姓的抗日情緒〉，杜學知，《現代學苑》第 9 卷第 10 期。

12.〈臺灣歌謠集〉，吳瀛濤，《臺灣風物》第 18 卷第 3 期。

13.〈中國歌謠的風貌〉，朱介凡，《純文學》第 4 卷 4～5 期。

14.〈臺灣歌謠之形態〉，黃得時，《文獻專刊》第 3 卷第 1 期。

15.〈臺灣的情歌〉，陳瑞貴，《臺灣文獻》第 29 卷第 1 期。

16.〈從「二南」「國風」談到臺北地方流播的民歌〉，陳美地，《臺北文獻》第 7 期。

17.〈臺灣歌謠與家庭生活〉，黃得時，《臺灣文獻》第 6 卷第 1 期。

18.〈臺語歌詞音義考釋〉，劉建仁，《臺灣風物》第 18 卷第 4 期。

19.〈臺語歌曲音義考〉（二）‧（四），劉建仁，《臺灣風物》第 20 卷第 2.4 期。

20.〈「四月望雨」傳心曲——臺灣早期民族歌聲探微〉，莊永明，《大學雜誌》第 137 期。

21.〈臺灣民謠的收集與整理〉，夜國一乙全體同學，師大 59 年《詩學集刊》。

22.〈恒春民謠「思想起」〉，劉建仁，《臺灣風物》第 34 卷第 1 期。

23.〈雜談七字歌仔〉，曹甲乙，《臺灣風物》第 33 卷第 3 期。

24.〈臺灣歌謠之形態〉，黃得時，《文獻專刊》第 3 卷第 1 期。

25.〈中國歌謠的風貌〉（上）、（下），朱介凡，《純文學》第 4 卷第 4～5 期。

26.〈光復後的臺語韻書〉，劉建仁，《臺灣風物》第 17 卷第 6 期。

27.〈臺人の俗歌〉，日‧采訪生，《臺灣慣習記事》第 2 卷 7 號。

28.〈士林土匪仔歌〉，吳萬水，《臺灣風物》第 4 卷第 5 期。

29.〈彰化縣之歌謠〉，廖漢臣，《臺灣文獻》第 1 卷第 3 期。